COORDENAÇÃO RENATA ARMAS

CHURRASCO DE LINGUIÇAS & CARNE DE PORCO

1ª EDIÇÃO • BRASIL • 2016

Editora escala

Editora escala

Título Original - **Bíblia do Churrasco – Churrasco de linguiças e carne de porco**
Copyright © Editora Escala Ltda., 2016
ISBN: 978-85-389-0211-9

Direção editorial	Ethel Santaella
Coordenação editorial	Renata Armas
Edição de arte	Natália da Cruz
Realização	We2Design
Edição de texto	Maria Helena da Fonte
Consultoria e produção culinária	Janaína Resende
Edição de arte	Jairo Bittencourt
Preparação e revisão de texto	Marcela Almeida Fregonezi
Fotografia	Danilo Tanaka, Escala Imagens e Shutterstock

livrosescala@escala.com.br

Dados Internacionais de Catalogação na Publicação (CIP)
(Câmara Brasileira do Livro, SP, Brasil)

```
Churrasco de linguiças & carne de porco /
   coordenação Renata Armas. -- 1. ed. --
   São Paulo : Editora Escala, 2016. --
   (Coleção bíblia do churrasco)

   ISBN 978-85-389-0211-9

   1. Churrasco - Culinária 2. Embutidos
(Alimentos) 3. Receitas I. Armas, Renata.
II. Série.

16-00984                              CDD-641.578
```

Índices para catálogo sistemático:

1. Churrasco : Culinária   641.578

Todos os direitos reservados. Nenhuma parte deste livro pode ser reproduzida por quaisquer meios existentes sem autorização por escrito dos editores e detentores dos direitos.
Av. Profª. Ida Kolb, 551, Jardim das Laranjeiras, São Paulo, CEP 02518-000
Tel.: +55 11 3855-2100 / Fax: +55 11 3857-9643
Venda de livros no atacado: tel.: +55 11 4446-7000 / +55 11 4446-7132 – vendas@escala.com.br * www.escala.com.br

Impressão e acabamento: Gráfica Araguaia

ÍNDICE

SEGREDOS DO CHURRASCO
Conheça os cortes suínos..................6
Seis regras de ouro para comprar...................7
Tipos de linguiça 8

RECEITAS
Pernil de porco assado na churrasqueira 12
Carré de porco ao alho na churrasqueira......14
Picanha suína com vinho branco na brasa ...16
Costelinha de porco assada na brasa 18
Costelinha de porco na brasa
com queijo parmesão 20
Bisteca de porco grelhada 22
Bisteca na grelha com
vinagrete de abacaxi..................24
Pernil ao vinho na churrasqueira 26
Filé-mignon suíno na brasa ao molho
de goiabada e cachaça..................28
Costelinhas de porco na brasa com ervas.....30
Paleta de porco na brasa..................32
Lombo de porco grelhado com batatas..........34
Medalhões de lombo de porco com bacon....36
Barriga de porco na brasa..................38
Picanha de porco na churrasqueira 40
Costelinha de porco na brasa
com molho barbecue..................42
Churrasco de linguiça..................44

CHURRASCO NO DIA A DIA
Bisteca de porco ao molho com batatas 48
Costelinha de porco com mix de ervas 49
Pernil ao molho vermelho
com purê de abóbora..................50
Costelinha de porco na brasa
com molho barbecue caseiro 52
Lombo de porco com gengibre e mel 54
Bisteca com tempero de mostarda..................55
Costelinha de porco na brasa
com vinho branco..................56
Lombo recheado na brasa..................59
Lombo de porco marinado
com geleia de pimenta..................60
Sanduíche de pernil com molho barbecue 62
Carré de porco com ervas finas..................63
Lombo de porco com ervas finas 65
Barriga de porco com tempero de limão 66
Espetinhos de lombo com legumes e bacon....68
Costelinhas de porco com limão e ervas 71
Bisteca de porco com legumes grelhados......72

ACOMPANHAMENTOS
Croquetão de aipim..................82
Pastel assado de escarola e nozes..................83
Pão de queijo de liquidificador..................84
Pão salgado recheado..................85
Salada de fundo de alcachofra
com erva-doce e cogumelo..................86
Salpicão de lombo..................87
Quiche de brócolis com manjericão fresco...88
Quiche de alho-poró..................90
Quiche de aveia, berinjela e tomate seco......91
Suflê de milho..................92
Suflê de queijo..................93
Risoto de maçã e peras..................94
Arroz integral de forno..................95
Espetinhos de abacaxi e gergelim..................96
Molho de iogurte com limão-
-siciliano e endro..................97
Molho de tomate, pimenta e coentro............97

Conheça os cortes suínos

DICA DE CHURRASQUEIRO
Asse sempre a picanha suína com a capa de gordura, ela derrete e dá sabor especial ao corte. Para ficar no ponto, a peça precisa assar por uma hora a 40 cm da brasa.

Antigamente a carne de porco era vista com certa desconfiança, conhecida como uma carne gordurosa e que podia transmitir doenças. Mas desde os anos 1970, as condições de criação de porcos mudaram bastante, o que resultou em uma carne saudável e segura. O rebanho atual tem alimentação balanceada, vive em ambientes higienizados e com temperatura controlada, além de assistência veterinária constante. Com essas mudanças houve uma diminuição de 31% da gordura – níveis equivalentes ou até menores do que os apresentados pela carne bovina ou de frango –, 14% das calorias e 10% do colesterol. Para comer a carne suína sem medo é fundamental saber a sua procedência e se ela tem o selo de inspeção da vigilância sanitária. Na aparência ela deve ter cor que vai do vermelho-claro ao rosa pálido, odor fresco e agradável. Veja a seguir os principais cortes e dicas de como preparar um churrasco suíno perfeito.

1. PERNIL É a perna traseira do suíno, possui partes macias e magras e outras mais fibrosas e entremeadas de gordura, o que confere sabor especial e maciez ao corte. O peso da peça pode variar de 12 kg, inteiro com pele e com osso, a 8 kg, inteiro, sem pele e com osso.

2. PICANHA SUÍNA Corte traseiro, faz parte do pernil, é uma carne muito macia, possui capa de gordura externa que quando assada inteira derrete e umidifica o corte. A peça varia de 700 g a 1,100 kg.

3. FILÉ-MIGNON Carne levemente marmorizada e macia localizada no dorso traseiro do animal, uma peça pesa aproximadamente 1 kg e pode ser preparada inteira, cortada em medalhões ou filés.

4. CARRÉ Parte central do dorso do porco, inclui as costelas e o lombo. A proximidade da carne com os ossos e a pequena capa de gordura garantem a sua suculência. O seu peso médio é de aproximadamente 4,5 kg.

6 regras de ouro para comprar

1 Escolha bem o estabelecimento onde vai adquirir a carne de porco. O local deve ter balcão frigorífico ou geladeiras fechadas com temperatura constante.

2 Só compre as carnes que tenham o selo do Serviço de Inspeção Federal (SIF).

3 Opte pelas carnes marmorizadas, com gordura entre as fibras, que conferem sabor especial.

4 Preste atenção ao cheiro, ele deve ser agradável. Observe também a textura, rígida, que volta à forma quando é apertada com o dedo, e a cor que vai do vermelho-claro ao rosa pálido.

5 Peças com capa de gordura, como lombo e picanha suína, devem ter uma camada homogênea, sem marcas de sangue coagulado e cor branca.

6 Opte sempre que puder pela carne fresca. Ela é mais macia, já que a contração das fibras no congelamento deixa o corte mais rígido.

Tipos de linguiça

Na hora de escolher o complemento para o churrasco, o embutido de porco é sempre uma boa opção. Feitas de carne moída e processada, têm o sabor definido pelo tipo de carne e temperos utilizados na sua preparação. Normalmente usam-se partes de paleta, pernil ou copa-lombo no preparo e o ideal é que tenha teor de gordura entre 35% e 40%. As linguiças frescas, ideais para serem assadas na brasa, devem ser pouco avermelhadas, com coloração rosa-claro e sem partes escuras ou amarronzadas. Veja a seguir os principais tipos:

5. BISTECA São as fatias do carré, cortado com espessura de aproximadamente 1,7 cm e com mais ou menos 170 g. Uma pequena capa de gordura e a proximidade com os ossos garantem a sua suculência.

6. LOMBO Localizado no dorso do animal, é retirado do meio das costelas e é uma das carnes mais magras do porco. Para não perder suculência na hora do preparo na churrasqueira a carne deve manter a sua capa de gordura. Uma peça tem mais ou menos 3,5 kg.

7. COSTELINHA Corte com osso que fica abaixo do lombo, muito úmido e suculento. De uma peça saem duas tiras de mais ou menos 800 g cada.

8. BARRIGA Também conhecida como panceta, é um corte saboroso com partes iguais de carne e gordura. Normalmente é usada com a pele. Dela são feitos o bacon e a maioria dos embutidos. A peça tem por volta de 2,5 kg.

9. PALETA É o pernil dianteiro e tem as mesmas características que o corte traseiro. Possui partes macias e magras e outras mais fibrosas e entremeadas de gordura. O peso da peça pode variar de 12 kg, inteiro com pele e com osso, a 5 kg, inteiro, sem pele e com osso.

TOSCANA Feita com 100% carne suína, tem tempero suave de ervas finas e um toque de pimenta-do-reino.

MISTA É feita com uma mistura de carne de porco com carne de vaca. Suave, tem leve sabor de pimenta-do-reino.

PERNIL
Feita com a carne da perna traseira do porco, tem sabor marcante. Encontrada em versões com ou sem pimenta.

LOMBO
É uma linguiça magra, por ter pouca gordura, e de sabor suave. Não deve ser assada demais para evitar que resseque.

CALABRESA FRESCA
Feita com carne do pernil, lombo e barriga, é processada com pimenta calabresa.

APIMENTADA
A maioria das linguiças frescas pode ter essa versão. Elas são processadas com pimenta vermelha, calabresa ou malagueta.

DELICIOSA E MARCANTE

A carne de porco sempre teve espaço garantido na churrasqueira. Seus cortes têm uma presença equilibrada de gordura que agrada aos mais variados paladares. Com ela também são preparados os aperitivos mais tradicionais do churrasco: as linguiças. A seguir, uma seleção de receitas irresistíveis. Escolha a sua e bom apetite

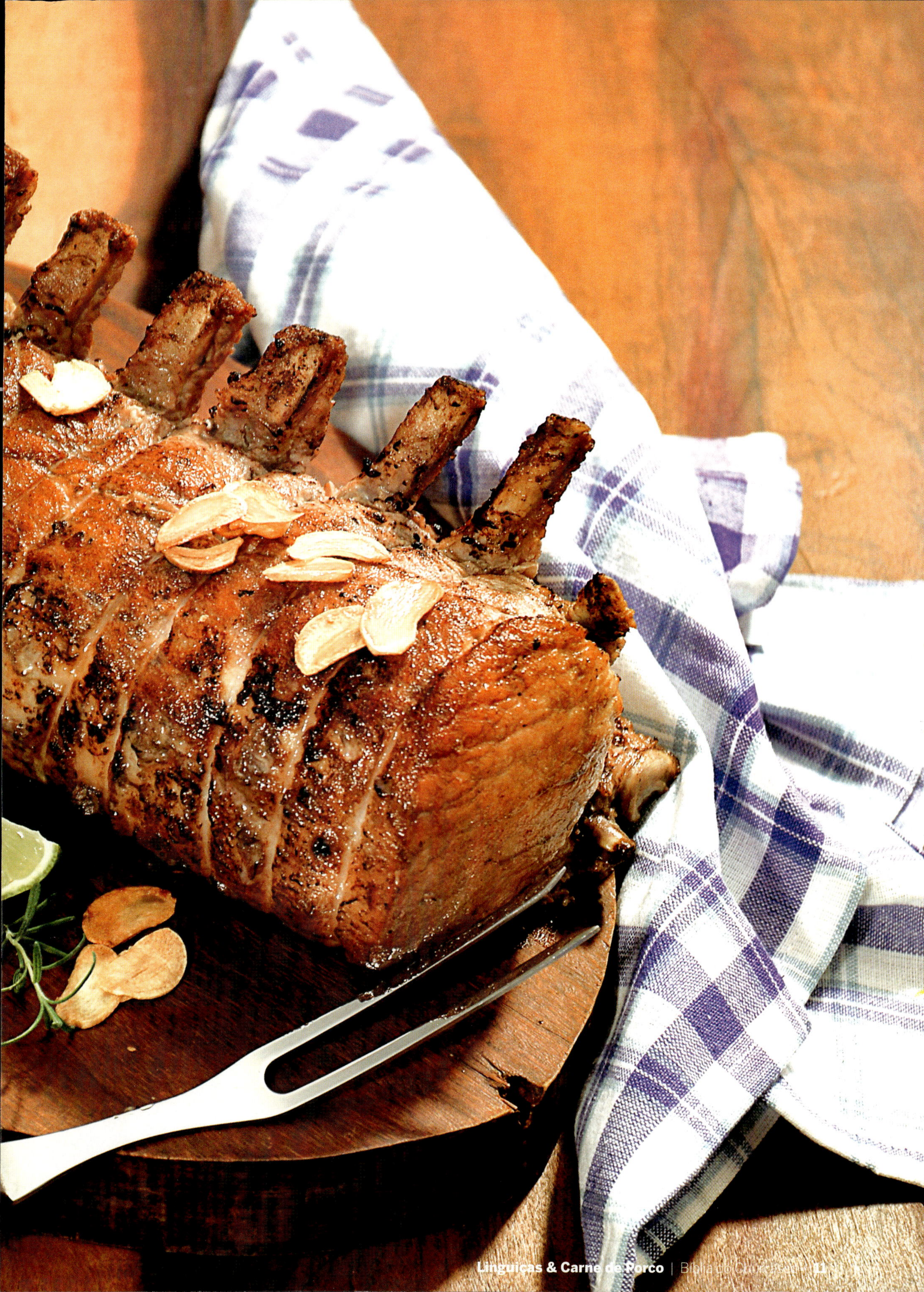

PERNIL DE PORCO ASSADO NA CHURRASQUEIRA

Rendimento: 10 porções
Tempo de preparo: 6 h

INGREDIENTES
- 1 peça de pernil de porco de aproximadamente 3,5 kg
- 1/2 xícara de molho inglês
- 2 colheres (sopa) de mel
- 2 colheres (chá) de vinagre de cidra
- 1 colher (sopa) de mostarda tipo Dijon
- 1 colher (chá) de pimenta-do-reino moída
- 1/2 colher (chá) de sal
- 1 dente de alho picado
- 1 saco plástico próprio para culinária
- Papel-alumínio

MODO DE PREPARO
- Coloque o pernil com todos os ingredientes no saco plástico e misture bem.
- Retire o máximo de ar possível, feche e leve à geladeira por 2 horas, virando de vez em quando.
- Acenda o carvão na churrasqueira e deixe o braseiro ficar uniforme, por mais ou menos 40 minutos.
- Retire a carne da geladeira e descarte a marinada. Embrulhe a carne com o papel-alumínio e leve à grelha a uma distância de 40 cm da brasa por 3 horas, virando a cada meia hora.
- Retire o papel e deixe assar mais 1 hora virando uma vez.
- Desça a carne para 15 cm e deixe por mais 15 minutos ou até ficar dourada.

PARA HARMONIZAR COM O PRATO

O clássico pernil vai muito bem com cervejas do tipo Weizenbier. É refrescante e ajuda a limpar o paladar. Seu teor alcoólico varia entre 5% e 6%

CARRÉ DE PORCO AO ALHO NA CHURRASQUEIRA

Rendimento: 10 porções
Tempo de preparo: 3h40
(mais 12 horas de marinada)

INGREDIENTES
- 1 peça de carré de porco com cerca de 3 kg
- 2 cabeças de alho
- 1 xícara (chá) de manjericão picado
- 200 ml de mostarda
- Sal a gosto
- Pimenta-do-reino a gosto
- 3/4 de xícara (chá) de vinho tinto seco
- 1 saco plástico próprio para culinária
- Papel-alumínio

MODO DE PREPARO
- Faça furos por todo o carré, coloque em um recipiente e reserve.
- Corte o alho em pedaços pequenos e insira 1/4 do total em alguns dos furos.
- Espalhe o restante do alho sobre a carne.
- Misture o vinho, a mostarda e o manjericão e espalhe pela peça. Tempere com sal e pimenta-do-reino e transfira para o saco plástico. Feche bem e deixe marinar na geladeira por, no mínimo, 12 horas.
- Acenda o carvão na churrasqueira e deixe o braseiro ficar uniforme, por mais ou menos 40 minutos. Coloque o carré na grelha a uma distância de 15 centímetros da brasa até dourar. Vire para dourar o outro lado.
- Remova o carré da churrasqueira e enrole bem em papel-alumínio para que os líquidos não saiam do pacote.
- Leve à churrasqueira a uma distância de 40 centímetros da brasa por 2 horas e meia. Vire e deixe mais 30 minutos.

Retire a carne da brasa, deixe descansar por 5 minutos, abra o pacote e sirva em seguida.

PARA HARMONIZAR COM O PRATO

Este prato vai bem com as cervejas do tipo Bohemian Pilsner. Seus maltes claros combinam com o dulçor da carne e o lúpulo dá um sutil amargor que complementa o sabor condimentado da receita

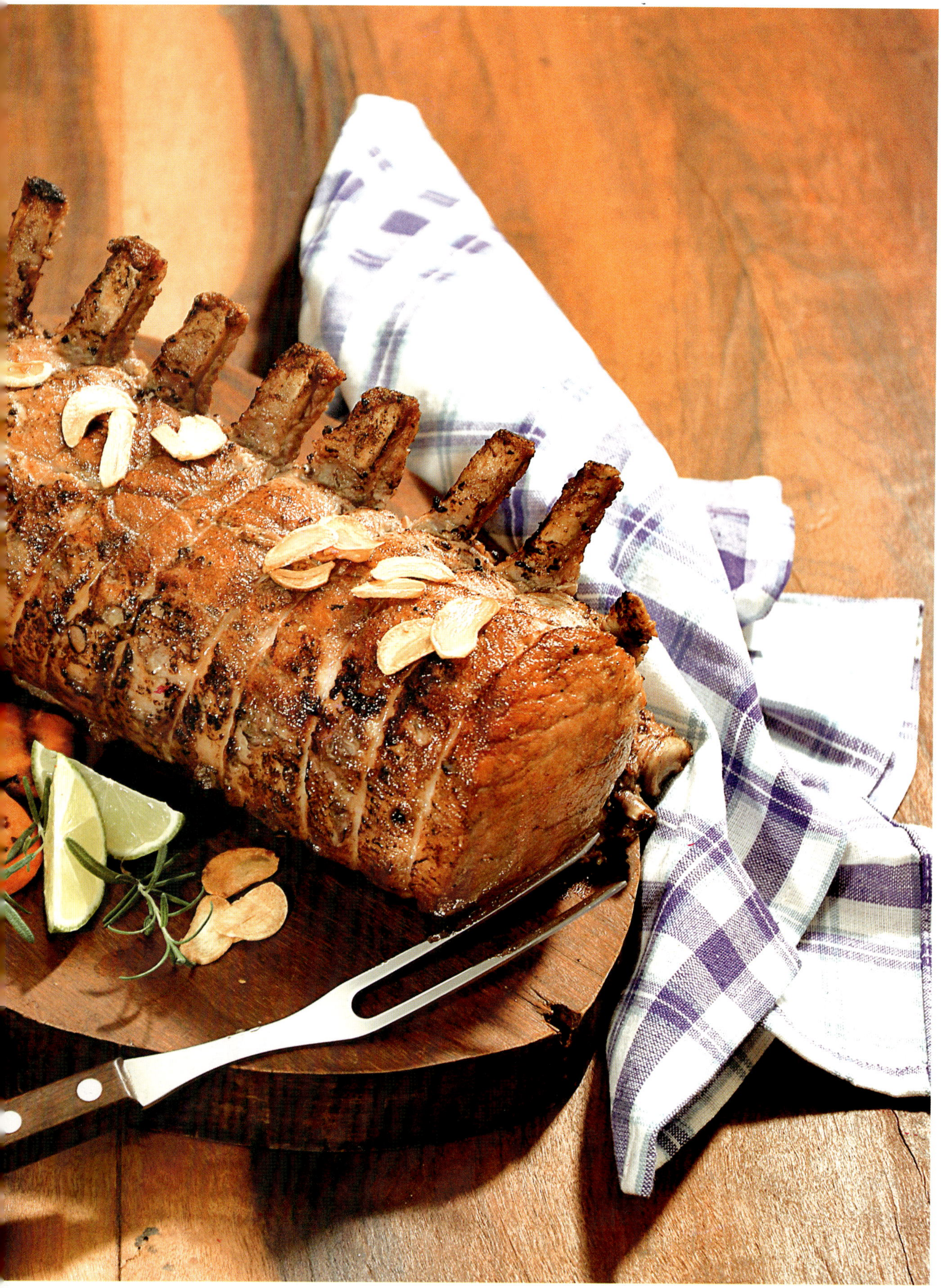

PICANHA SUÍNA COM VINHO BRANCO NA BRASA

Rendimento: 6 porções
Tempo de preparo: 2h
(mais 12 horas de marinada)

INGREDIENTES
- 1 peça de picanha suína
- 1 colher (chá) de alho moído
- 2 colheres (sopa) de cebola picada
- 1 colher (sopa) de cebolinha picada
- 100 ml de vinho branco seco
- 1 pitada de noz-moscada
- Sal a gosto
- 1 saco plástico próprio para culinária
- Óleo vegetal para pincelar

MODO DE PREPARO
- Num recipiente, coloque a picanha e acrescente os outros ingredientes.
- Coloque a carne e a marinada em um saco plástico e leve à geladeira por 12 horas.
- Acenda o carvão na churrasqueira e deixe o braseiro ficar uniforme, por mais ou menos 40 minutos.
- Coloque a carne na grelha a uma distância de 40 centímetros da brasa, com a pele virada para cima, por 1 hora.
- Pincele a pele com o óleo vegetal, vire a carne e abaixe a grelha para 15 centímetros da brasa.
- Deixe mais 15 minutos ou até ficar tostada.
- Retire da brasa e sirva fatiada.

PARA HARMONIZAR COM O PRATO

A picanha suína com vinho branco vai bem com uma cerveja escura, do tipo Amber Ale, que tem sabores caramelizados, aroma e amargor de lúpulo

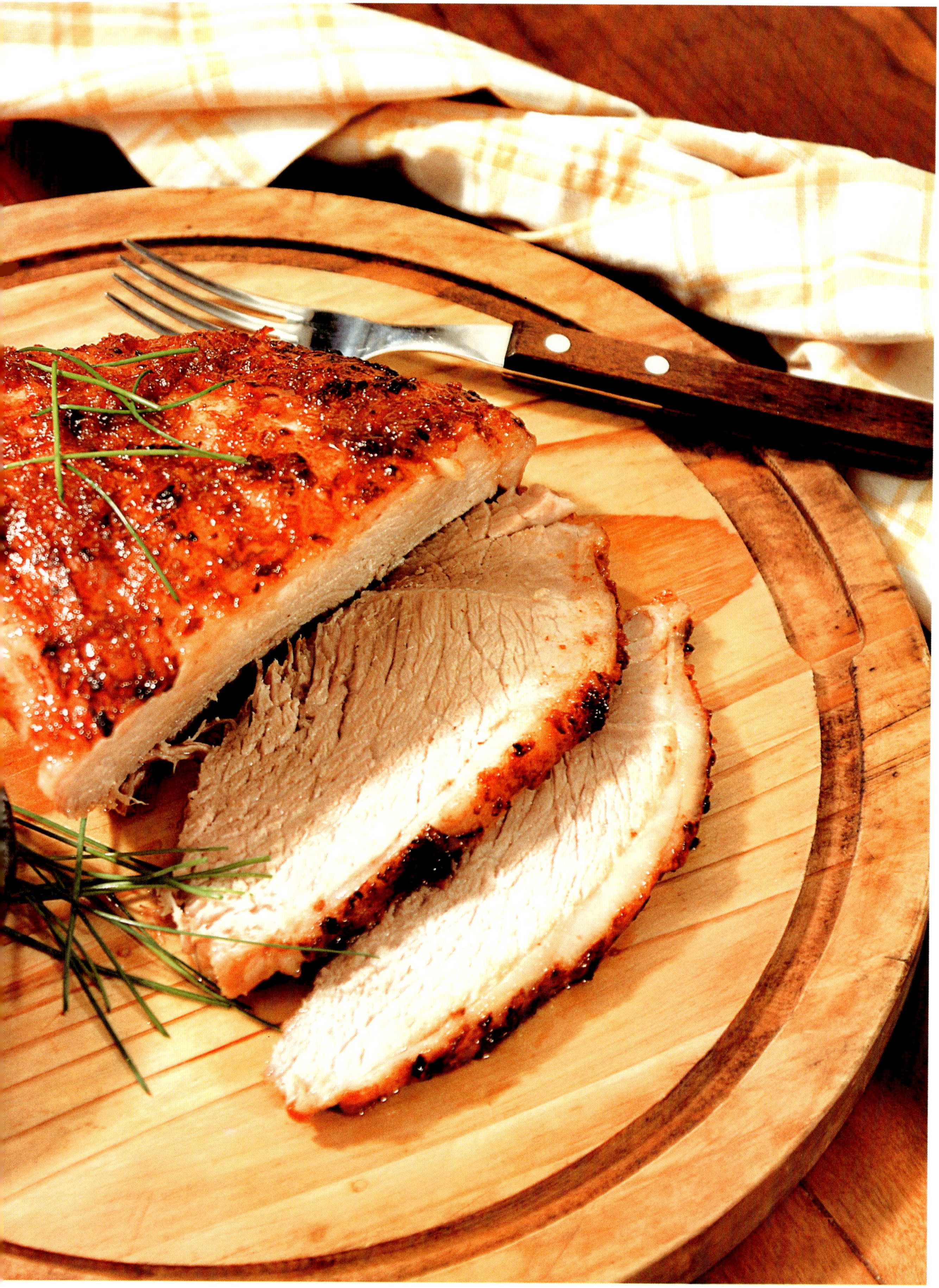

COSTELINHA DE PORCO ASSADA NA BRASA

Rendimento: 8 porções
Tempo de preparo: 2h30

INGREDIENTES
- 1 costelinha de porco de aproximadamente 2 kg
- Azeite de oliva a gosto
- 1 colher (sopa) de sal
- 1 colher (sopa) de alho em pó
- 1 colher (sopa) de cebola em pó
- 1 colher (chá) de pimenta vermelha em pó
- 1 colher (sopa) de colorau
- 1/2 de colher (chá) de canela
- 1 colher (chá) de açafrão-da-terra

MODO DE PREPARO
- Acenda o carvão na churrasqueira e deixe o braseiro ficar uniforme, por mais ou menos 40 minutos.
- Tempere a costelinha com azeite e reserve.
- Misture bem todos os temperos e espalhe por toda a carne.
- Leve a costela para a brasa a uma distância de 40 centímetros do fogo com os ossos virados para baixo e asse por uma hora e meia.
- Vire a carne e abaixe a grelha para 15 cm da brasa.
- Deixe mais 15 minutos ou até ficar dourada. Sirva em seguida.

PARA HARMONIZAR COM O PRATO

A costelinha assada combina bem com cervejas do tipo Schwarzbier. Seu sabor levemente seco e com aromas de café, chocolate e toffee harmoniza com a caramelização da carne

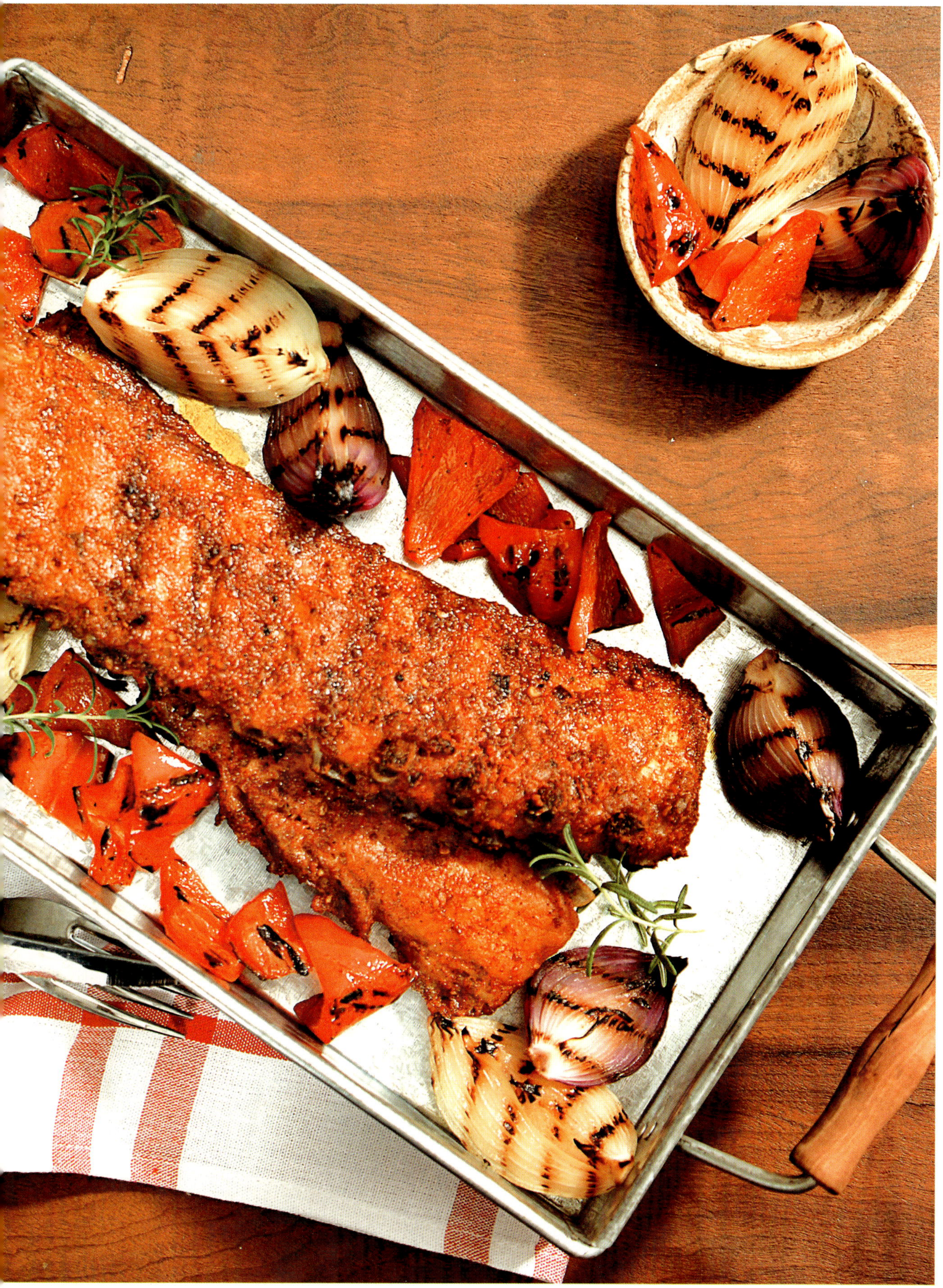

COSTELINHA DE PORCO NA BRASA COM QUEIJO PARMESÃO

Rendimento: 8 porções

Tempo de preparo: 2h30

INGREDIENTES
- 1 costelinha de porco com cerca de 2 kg
- Sal e pimenta-do-reino a gosto
- 1 colher (sopa) de manteiga
- 3 tomates sem pele picados
- 1 pimentão vermelho sem sementes picado
- 1 e 1/2 colher (chá) de alecrim seco
- 1/2 xícara (chá) de queijo parmesão ralado grosso

MODO DE PREPARO
- Acenda o carvão na churrasqueira e deixe o braseiro ficar uniforme, por mais ou menos 40 minutos.
- Limpe a carne, tempere com sal e pimenta dos dois lados.
- Leve à grelha a uma distância de 15 cm da brasa por 10 minutos, virando na metade do tempo.
- Suba a carne para uma distância de 40 cm do fogo com os ossos virados para baixo.
- Asse por uma hora e meia, virando a carne a cada meia hora.
- Enquanto isso, em uma panela, derreta a manteiga e frite o tomate e o pimentão, tempere com o alecrim e sal a gosto.
- Bata o refogado no liquidificador até ficar homogêneo.
- Baixe a grelha para 15 centímetros do fogo, espalhe o refogado sobre a carne e asse por mais 10 minutos.
- Polvilhe o queijo por cima da costelinha e deixe até derreter. Sirva imediatamente.

PARA HARMONIZAR COM O PRATO

Para este prato, escolha uma cerveja potente como a American IPA. O predomínio do aroma, sabor e amargor do lúpulo harmoniza com os condimentos e queijo da receita

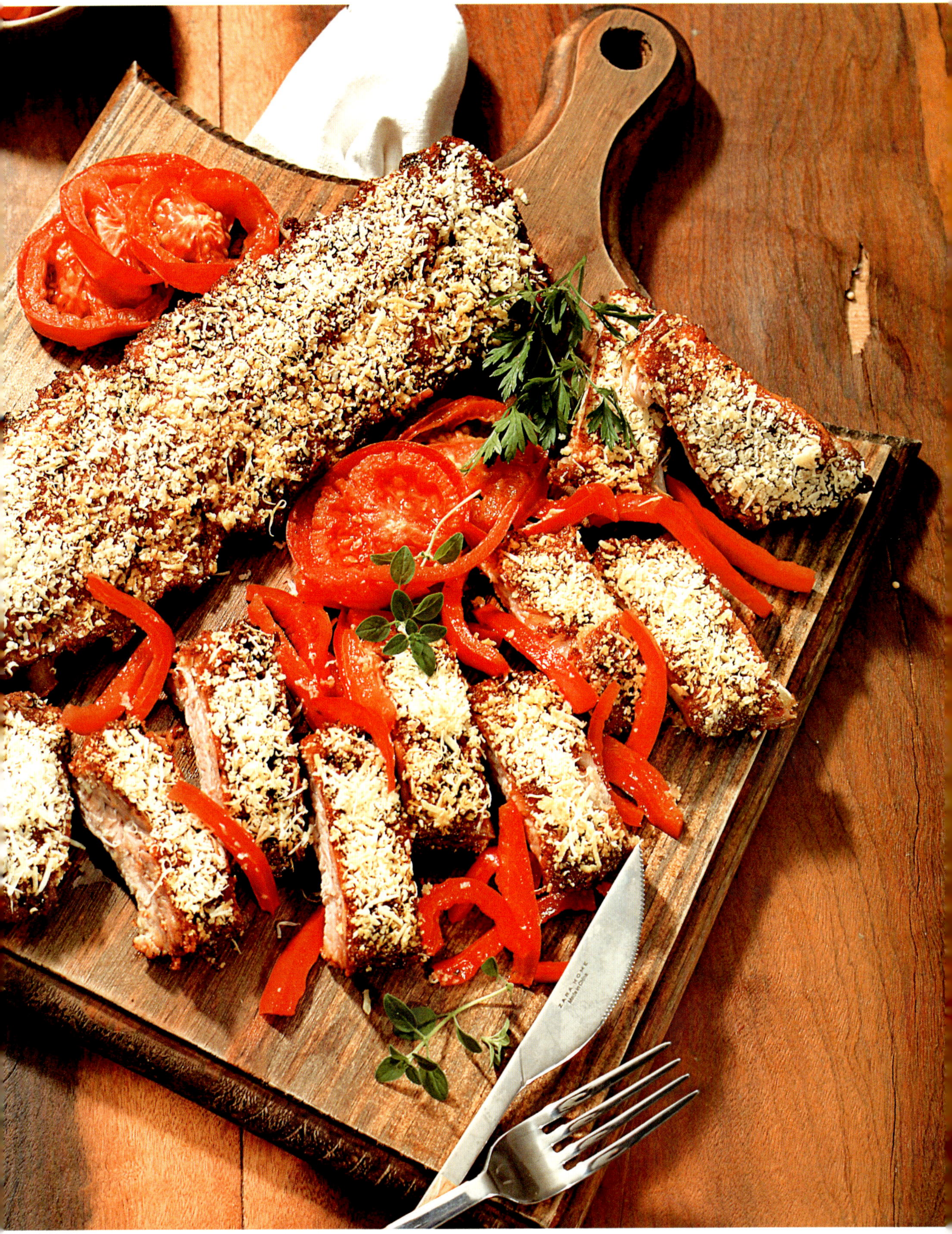

BISTECA DE PORCO GRELHADA

Rendimento: 4 porções
Tempo de preparo: 50 min.

INGREDIENTES
- 1 kg de bisteca de porco
- Sal a gosto
- 1/2 xícara (chá) de coentro picado
- 1 colher (sopa) de azeite
- 1 colher (sopa) de mel
- 1 colher (sopa) de suco de limão
- 1 colher (chá) de pimenta-do-reino moída
- 1 colher (chá) de raspas de casca de limão

MODO DE PREPARO
- Acenda o carvão na churrasqueira e deixe o braseiro ficar uniforme, por mais ou menos 40 minutos.
- Tempere a carne com o sal e reserve.
- Misture todos os outros ingredientes, reserve.
- Leve as bistecas à churrasqueira a uma distância de 15 centímetros da brasa por 6 minutos ou até a carne soltar líquidos.
- Vire e coloque uma colher de sopa do molho reservado em cada bisteca.
- Deixe grelhar por mais 4 minutos.
- Retire da brasa, cubra com mais uma colher (sopa) do molho e sirva em seguida.

PARA HARMONIZAR COM O PRATO

Para acompanhar a bisteca grelhada escolha uma cerveja refrescante como a American Pale Ale, que tem notas aromáticas de lúpulo e coloração que varia do dourado ao âmbar claro

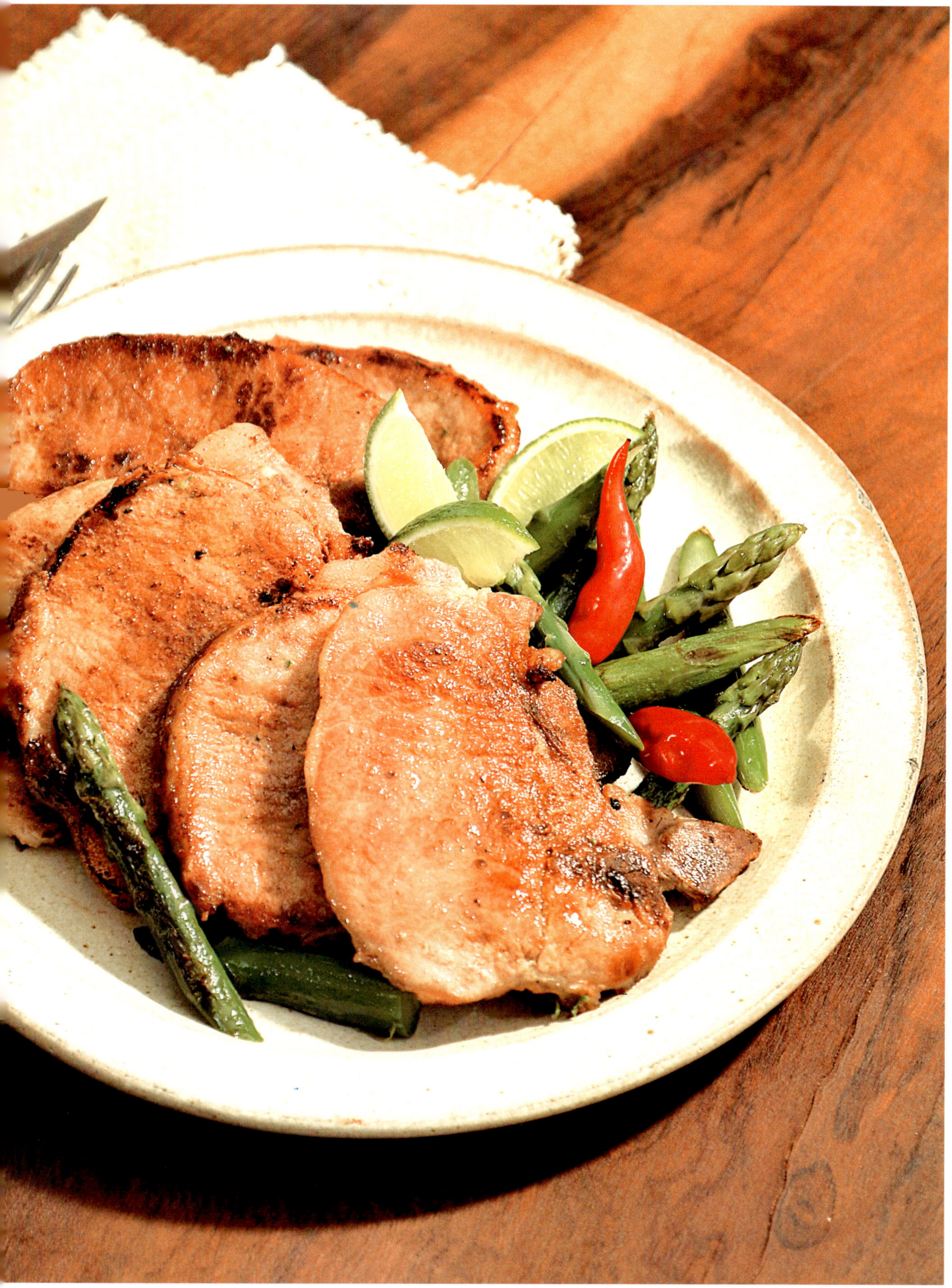

BISTECA NA GRELHA COM VINAGRETE DE ABACAXI

Rendimento: 4 porções
Tempo de preparo: 1h50

INGREDIENTES
- 1 kg de bisteca de porco
- Suco de 2 laranjas
- 2 colheres (sopa) de mel
- 2 cravos-da-índia
- 5 grãos de pimenta-do-reino
- 1 pitada de noz-moscada
- 1/2 xícara (chá) de azeite de oliva
- 1 colher (sopa) de salsa picada
- 1 xícara de abacaxi fresco picado
- 1 cebola roxa picada
- 1 pimenta dedo-de-moça picada
- Casca ralada de um limão
- 2 colheres (sopa) de azeite
- Sal e pimenta-do-reino a gosto
- Filme plástico

MODO DE PREPARO
- Coloque as bistecas em um recipiente e tempere com o suco de laranja, o mel, o cravo amassado, os grãos de pimenta, a noz-moscada ralada na hora e ½ xícara de azeite de oliva. Cubra com filme plástico e deixe na geladeira por 1 hora.
- Acenda o carvão na churrasqueira e deixe o braseiro ficar uniforme, por mais ou menos 40 minutos.
- Misture a salsa, o abacaxi, a cebola, a pimenta dedo-de-moça, a casca ralada de limão e o azeite. Tempere a mistura com sal e pimenta-do-reino. Reserve.
- Tire as bistecas da marinada, escorra e leve à churrasqueira a uma distância de 15 centímetros da brasa.
- Grelhe por 6 minutos ou até a carne soltar líquidos.
- Vire e deixe no fogo por mais 4 minutos.
- Retire da brasa e sirva com o vinagrete de abacaxi.

PARA HARMONIZAR COM O PRATO

A bisteca na grelha com vinagrete de abacaxi vai bem com cervejas do tipo Belgian Tripel. Ela tem alto teor alcoólico, aromas condimentados, florais e cítricos

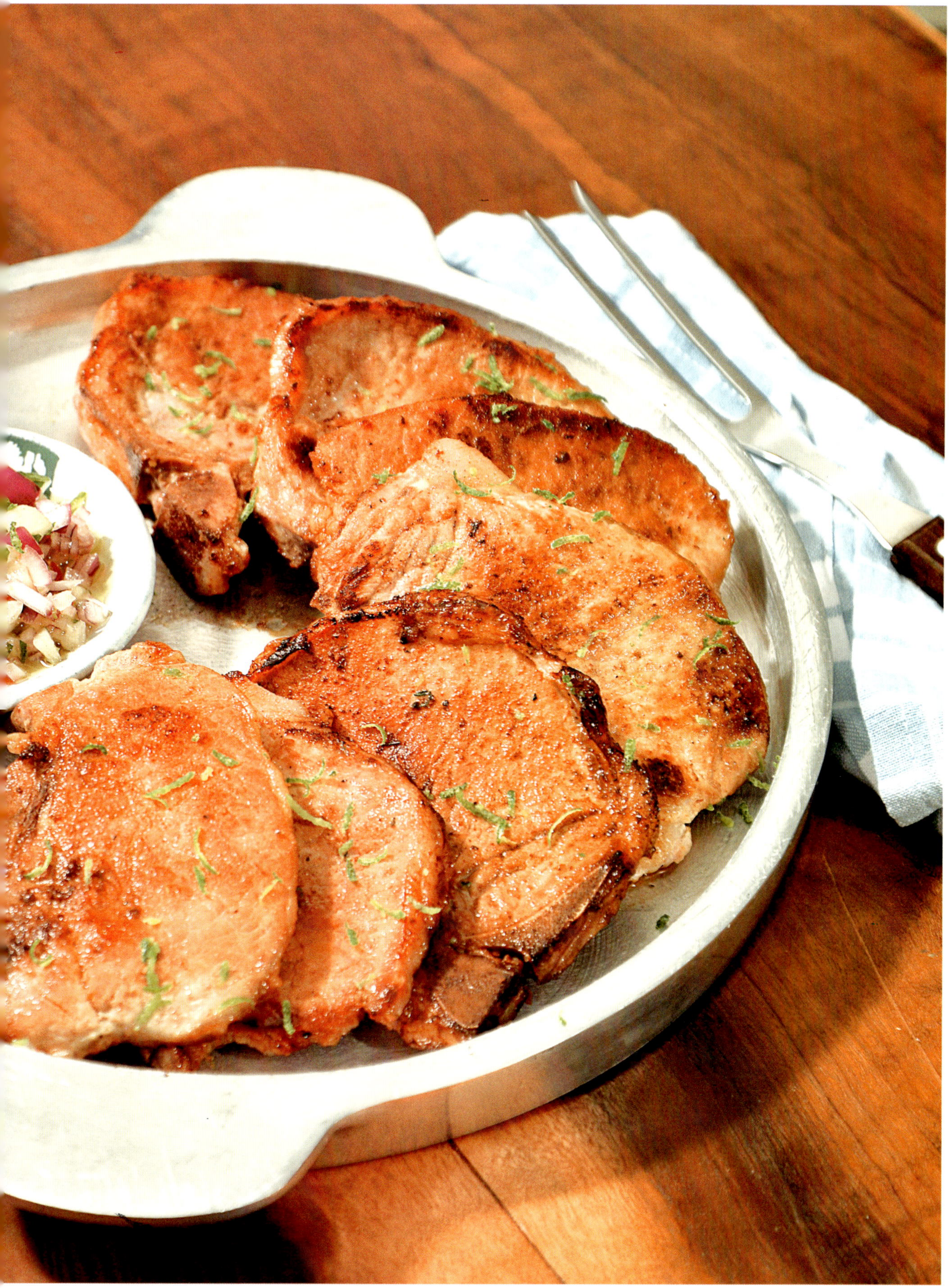

PERNIL AO VINHO NA CHURRASQUEIRA

Rendimento: 10 porções
Tempo de preparo: 4h50
(mais marinada de 12 horas)

INGREDIENTES
- 1 peça de pernil de porco com cerca de 3,5 kg
- 1 cebola grande
- 1 colher (sopa) de sal
- 100 ml de vinho tinto seco
- ½ xícara (chá) de salsinha
- ½ xícara (chá) de cebolinha
- 1 xícara (chá) de água
- 3 folhas de louro
- Saco plástico próprio para culinária

MODO DE PREPARO
- Bata no liquidificador a cebola, o sal, a salsa, a cebolinha, o vinho e a água. Reserve
- Tire o excesso de gordura do pernil e faça furinhos com um garfo pequeno em toda a peça.
- Coloque a carne dentro do saco plástico, junte o tempero batido e as folhas de louro, retire o máximo de ar possível, feche e leve à geladeira por 12 horas.
- Acenda o carvão na churrasqueira e deixe o braseiro ficar uniforme, por mais ou menos 40 minutos.
- Reserve a marinada e coloque o pernil para assar na grelha, a uma distância de 40 centímetros da brasa, por 3 horas e meia, virando sempre.
- Regue a carne com a marinada toda vez que virar a carne.
- Desça a peça a uma distância de 15 centímetros da brasa e deixe dourar por mais 40 minutos, virando pelo menos 4 vezes.
- Retire da brasa e sirva fatiado.

O pernil ao vinho harmoniza com cervejas escuras do tipo Amber Ale, que têm sabores caramelizados, aroma e amargor de lúpulo

PARA HARMONIZAR COM O PRATO

FILÉ-MIGNON SUÍNO NA BRASA AO MOLHO DE GOIABADA E CACHAÇA

Rendimento: 5 porções
Tempo de preparo: 50 min.

INGREDIENTES
- 1 peça de filé-mignon suíno
- Sal e pimenta-do-reino a gosto
- 100 g de goiabada cortada em cubos
- 3 colheres (sopa) de cachaça branca
- 3 colheres (sopa) de suco de limão
- 1/4 de colher (chá) de alho em pó
- 2 colheres (sopa) de vinagre de maçã
- Sal grosso em grãos médios a gosto
- Coentro fresco picado a gosto

MODO DE PREPARO
- Acenda o carvão na churrasqueira e deixe o braseiro ficar uniforme, por mais ou menos 40 minutos.
- Abra o filezinho ao meio formando um bife grosso. Tempere com um pouco de sal, pimenta-do-reino e uma colher do suco de limão, reserve.
- Leve a goiabada, a cachaça, o alho em pó e o vinagre ao fogo e cozinhe em fogo brando até a goiabada estar totalmente dissolvida.
- Junte o suco de limão e desligue o fogo. Deixe esfriar à temperatura ambiente.
- Mergulhe a carne temperada nesse molho e massageie bem a superfície. Deixe marinar por alguns minutos. Retire a carne do molho, deixando escorrer o excesso.
- Salpique os dois lados com um pouco de sal grosso e coloque sobre a grelha a uma distância de 15 centímetros da brasa.
- Deixe assar por 5 minutos ou até começar a soltar líquidos. Pincele com o molho e vire.
- Deixe dourar do outro lado por mais 5 minutos. Pincele novamente com o molho e retire da brasa.
- Sirva em seguida acompanhada do restante do molho.

PARA HARMONIZAR COM O PRATO

O dulçor e a caramelização da goiabada, cachaça e da carne se fundem perfeitamente com a generosa carga de malte e alto teor alcoólico das cervejas do tipo Doppel Bock

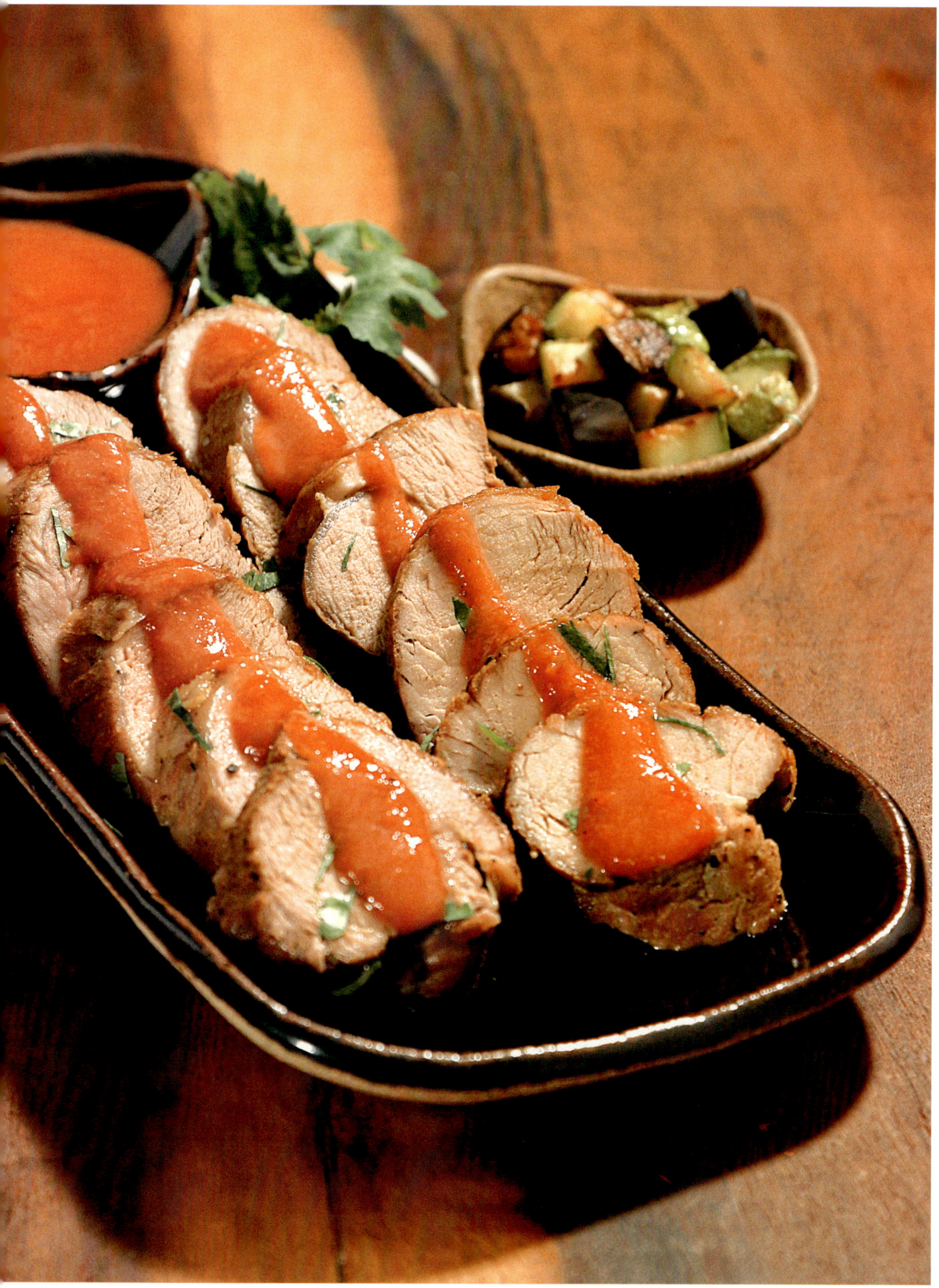

COSTELINHAS DE PORCO NA BRASA COM ERVAS

Rendimento: 4 porções
Tempo de preparo: 3h

INGREDIENTES
- 800 g de costelinha de porco
- 50 g de manteiga sem sal
- 1 colher (sobremesa) de sal
- Alecrim e tomilho frescos a gosto
- 3 dentes de alho socados
- Pimenta-do-reino e noz-moscada a gosto

MODO DE PREPARO
- Limpe bem a costelinha e faça furos na carne com um garfo. Reserve.
- Derreta a manteiga em fogo baixo, desligue o fogo e acrescente os dentes de alho, o sal, a pimenta-do-reino, a noz-moscada, o alecrim e o tomilho.
- Misture tudo antes que a manteiga comece a solidificar e pincele o tempero ainda líquido sobre toda a superfície da costelinha, generosamente.
- Deixe a carne descansar em temperatura ambiente por cerca de 1 hora.
- Acenda o carvão na churrasqueira e deixe o braseiro ficar uniforme, por mais ou menos 40 minutos.
- Leve a carne à grelha a uma distância de 15 centímetros da brasa por uns 10 minutos, virando na metade do tempo.
- Suba a carne para uma distância de 40 centímetros do fogo com os ossos virados para baixo. Asse por duas horas, virando a carne a cada meia hora.
- Retire da churrasqueira, salpique um pouco de alecrim e tomilho e sirva.

PARA HARMONIZAR COM O PRATO

Esta receita de costelinha pede uma cerveja potente e saborosa como a American IPA. Nela predomina o aroma, sabor e amargor do lúpulo que harmoniza perfeitamente com a condimentação da receita

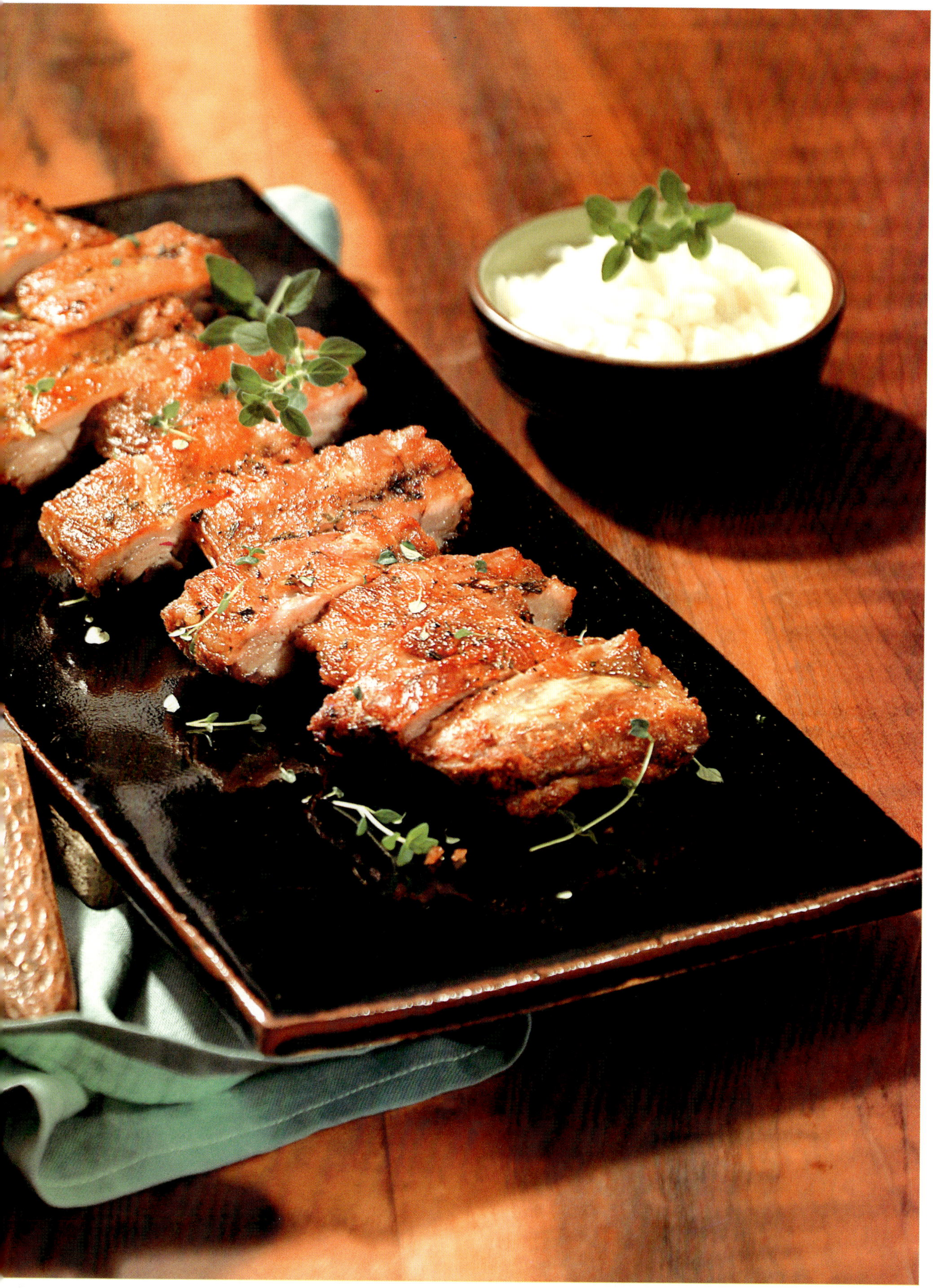

PALETA DE PORCO NA BRASA

Rendimento: 10 porções
Tempo de preparo: 5h
(mais 12 horas de marinada)

INGREDIENTES
- 1 paleta de porco de mais ou menos 3,5 kg
- 1 xícara (chá) de leite
- Suco de uma laranja
- Suco de um limão
- 2 colheres (sopa) de óleo vegetal
- 2 dentes de alho picados
- Sal e pimenta-do-reino a gosto
- Alecrim fresco a gosto
- Saco plástico próprio para culinária

MODO DE PREPARO
- Limpe bem a peça e faça furos na carne com uma faca fina.
- Coloque a carne em um recipiente e misture os outros ingredientes.
- Transfira a paleta e a marinada para um saco plástico, retire o máximo de ar possível, feche e leva à geladeira por 12 horas.
- Acenda o carvão na churrasqueira e deixe o braseiro ficar uniforme, por mais ou menos 40 minutos.
- Retire a carne da marinada e reserve.
- Coloque a paleta para assar na grelha a uma distância de 40 centímetros da brasa, por 3 horas e meia, virando a cada meia hora.
- Regue a carne com a marinada toda vez que virar a paleta.
- Desça a peça a uma distância de 15 centímetros da brasa e deixe pegar cor por mais 40 minutos, virando pelo menos 4 vezes.
- Retire da brasa e sirva fatiado.

Para acompanhar a paleta na brasa escolha uma cerveja refrescante como a American Pale Ale, que tem notas aromáticas de lúpulo e coloração que varia do dourado ao âmbar claro

PARA HARMONIZAR COM O PRATO

LOMBO DE PORCO GRELHADO COM BATATAS

Rendimento: 8 porções
Tempo de preparo: 3h

INGREDIENTES
- 1 peça de lombo de porco de aproximadamente 2 kg
- 1 kg de batatas
- Sal grosso em grãos médios a gosto
- 1 xícara (chá) de azeite de oliva
- 1 colher (sopa) de vinagre de vinho tinto
- Sal fino a gosto
- 1/2 xícara (chá) de alecrim fresco
- 1/2 xícara (chá) de tomilho fresco
- 4 dentes de alho
- Suco de ½ laranja
- Pimenta-do-reino a gosto

MODO DE PREPARO
- Acenda o carvão na churrasqueira e deixe o braseiro ficar uniforme, por mais ou menos 40 minutos.
- Lave as batatas e corte em rodelas grossas sem retirar a pele.
- Coloque as batatas para cozinhar em água fervente por 8 minutos. Escorra e reserve.
- Faça um vinagrete juntando ½ xícara de azeite, o vinagre, 2 alhos esmagados com a casca, sal e a pimenta-do-reino a gosto. Reserve.
- Pique finamente o alecrim, o tomilho, acrescente dois alhos bem picados, ½ xícara de azeite, sal grosso e pimenta-do-reino a gosto e espalhe essa mistura pela carne, reservando o que sobrar.
- Coloque o lombo de porco na grelha a uma distância de 40 centímetros da brasa e deixe assar lentamente por 2 horas e meia, virando a cada meia hora.
- Espalhe mais da mistura de ervas cada vez que virar a carne.
- Enquanto a carne assa, coloque as batatas em uma assadeira, pincele com azeite, polvilhe sal grosso e alecrim e leve ao forno alto por 40 minutos.
- Retire as batatas do forno e reserve.
- Desça a carne para uma distância de 15 centímetros do fogo por mais 20 minutos, virando uma vez.
- Retire a carne da churrasqueira, fatie e sirva com as batatas assadas e com o vinagrete.

PARA HARMONIZAR COM O PRATO

Um clássico lombo vai muito bem com cervejas do tipo hefe-weizenbier, que são refrescantes e ajudam a limpar o paladar. Seu teor alcoólico varia entre 5% e 6%

MEDALHÕES DE LOMBO DE PORCO COM BACON

Rendimento: 6 porções
Tempo de preparo: 3h30

INGREDIENTES
- 6 medalhões de lombo de porco
- 6 fatias finas de bacon
- Suco de 1 limão
- Sal fino a gosto
- 1/3 de pimentão vermelho
- 1 colher (sopa) de páprica picante
- 1 folha de louro
- ½ xícara (chá) de tomilho
- ½ xícara (chá) de salsa
- Azeite de oliva a gosto
- Plástico filme
- Espetos de madeira ou metal

MODO DE PREPARO
- Em um recipiente, tempere o lombo de porco com sal e o suco de limão, cubra com plástico filme e deixe marinar por 2 horas na geladeira.
- Acenda o carvão na churrasqueira e deixe o braseiro ficar uniforme, por mais ou menos 40 minutos.
- Coloque no liquidificador o pimentão, a páprica, a folha de louro, o tomilho, a salsa e azeite suficiente para cobrir todos os ingredientes. Bata por cerca de 1 minuto. Reserve.
- Corte o lombo em medalhões idênticos, coloque-os numa travessa e regue com o molho batido. Misture muito bem, cubra com plástico filme e leve à geladeira por 30 minutos.
- Enrole uma fatia de bacon em cada medalhão e coloque no espeto. Leve os espetos à churrasqueira a uma distância de 15 centímetros da brasa.
- Grelhe por 6 minutos de cada lado para selar a carne.
- Suba a grelha para 40 centímetros da brasa e asse por uma hora, virando sempre.
- Retire da brasa, deixe descansar por 2 minutos e sirva.

PARA HARMONIZAR COM O PRATO

Esta receita combina com cervejas do tipo Vienna Lager. Seu sabor caramelizado e corpo médio harmonizam com o lombo, enquanto a presença do lúpulo e o teor alcoólico amenizam a presença da gordura do bacon

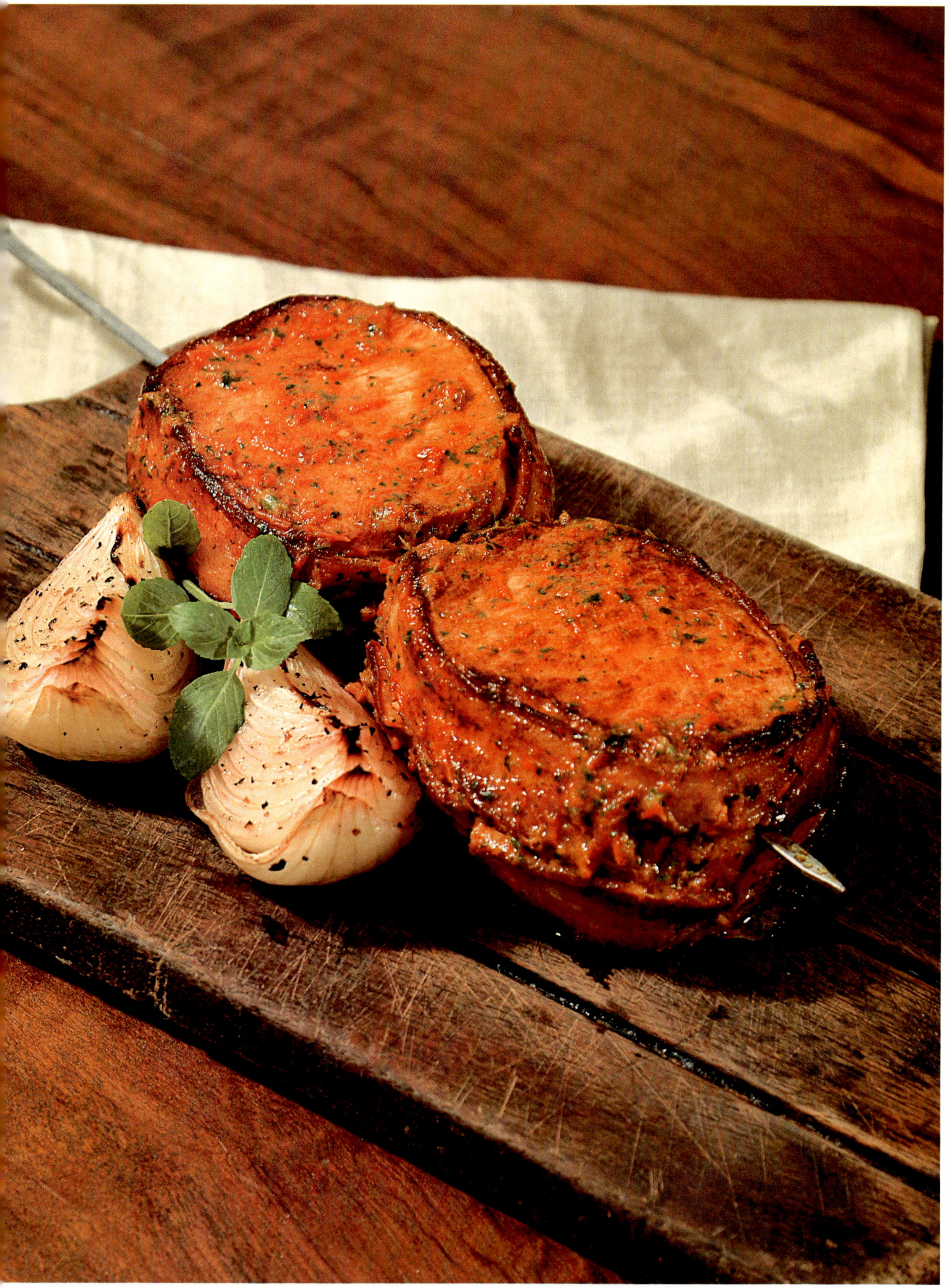

BARRIGA DE PORCO NA BRASA

Rendimento: 10 porções
Tempo de preparo: 2h
(mais marinada de 12 horas)

INGREDIENTES
- 2 kg de barriga de porco
- 3 colheres (sopa) de sal fino
- Pimenta-do-reino a gosto
- 1 xícara (chá) de cachaça branca
- Manteiga sem sal para pincelar
- Filme plástico
- Suco de limão a gosto

MODO DE PREPARO
- Faça de 3 a 4 cortes ao longo da carne sem cortar a pele.
- Em um recipiente, tempere a peça com o sal e a cachaça, espalhando bem.
- Cubra com o filme plástico e leve à geladeira por 12 horas.
- Acenda o carvão na churrasqueira e deixe o braseiro ficar uniforme, por mais ou menos 40 minutos.
- Retire o excesso de sal e leve à churrasqueira, com a gordura virada para cima, a uma distância de 40 centímetros da brasa por uma hora e meia, pincelando manteiga a cada meia hora.
- Desça a carne para uma distância de 15 centímetros do fogo com a pele virada para baixo e deixe até tostar e a pele pururucar, por aproximadamente 15 minutos.
- Retire do fogo, corte em fatias, regue com o suco de limão e sirva em seguida.

PARA HARMONIZAR COM O PRATO

Este corte pede uma cerveja potente para brigar com a gordura. A melhor escolha são as do tipo weizenbock, uma variação mais alcoólica e maltada da cerveja de trigo alemã

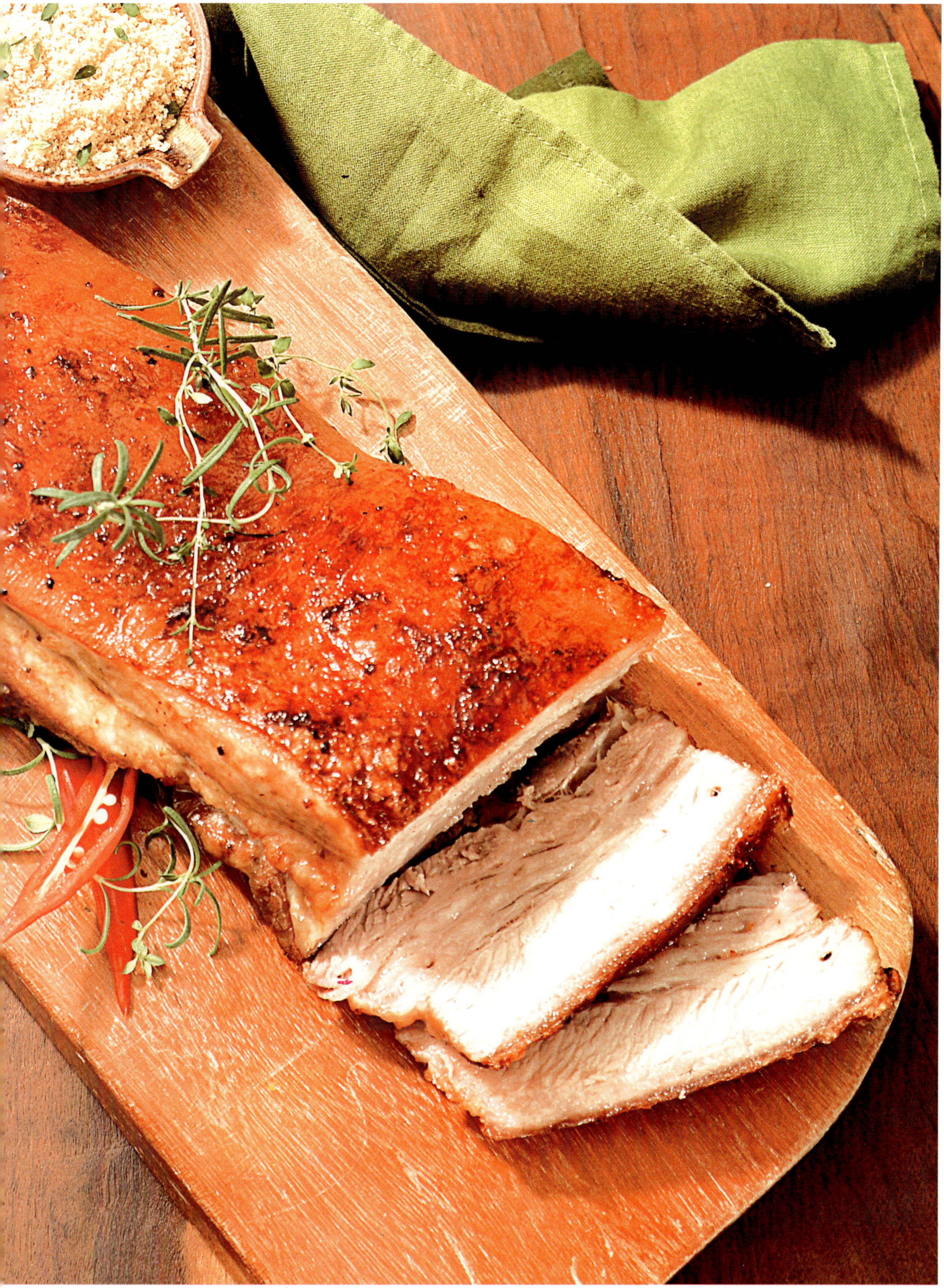

PICANHA DE PORCO NA CHURRASQUEIRA

Rendimento: 6 porções
Tempo de preparo: 2h

INGREDIENTES
- 1 peça de picanha de porco
- 1 colher (sopa) de sal grosso em grãos finos
- Suco de 1 limão
- 2 dentes de alho descascados e triturados

MODO DE PREPARO
- Misture o sal com o alho e o limão e espalhe bem pela carne.
- Coloque a carne em um saco plástico e leve à geladeira por 30 minutos.
- Acenda o carvão na churrasqueira e deixe o braseiro ficar uniforme, por mais ou menos 40 minutos.
- Coloque a picanha na grelha a uma distância de 15 centímetros da brasa por 10 minutos, até selar, virando uma vez.
- Suba a carne na grelha para uma distância de 40 centímetros da brasa, com a gordura virada para cima, e asse por 1 horas.
- Vire a carne e abaixe a grelha para 15 centímetros da brasa e deixe mais 15 minutos ou até ficar dourada.
- Retire do fogo, deixe descansar 5 minutos e sirva em seguida.

PARA HARMONIZAR COM O PRATO

Esta receita combina com cervejas do tipo Vienna Lager. Seu sabor caramelizado e corpo médio harmonizam com a picanha. A presença do lúpulo confere um leve amargor

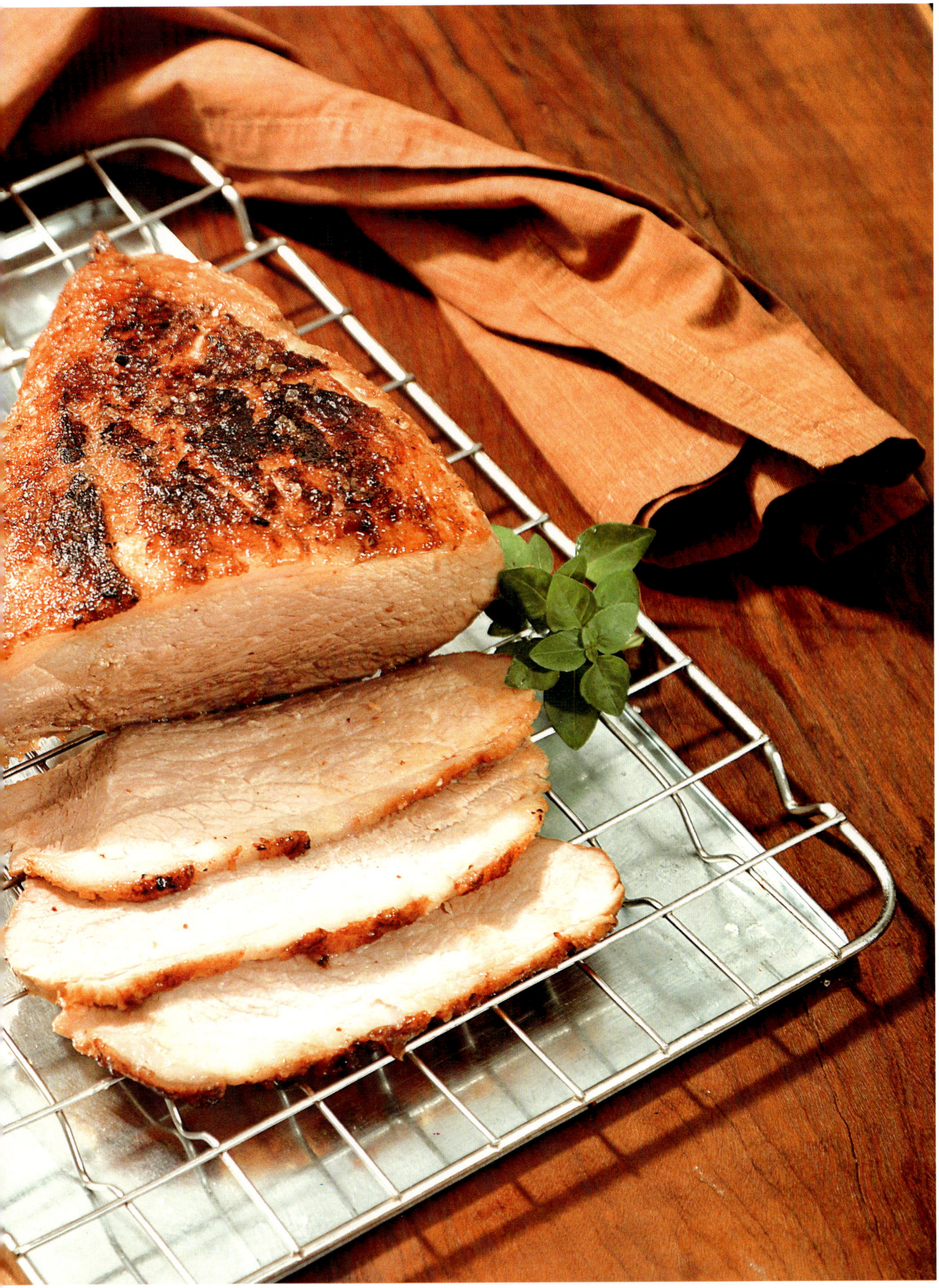

COSTELINHA DE PORCO NA BRASA COM MOLHO BARBECUE

Rendimento: 6 porções
Tempo de preparo: 2h

INGREDIENTES
- 1 costelinha de porco com cerca de 2 kg
- 1 colher (sopa) de cominho em pó
- 1 colher (sopa) de pimenta chilli em pó
- 1 colher (sopa) de páprica em pó
- Sal e pimenta-do-reino moída a gosto
- 1 xícara (chá) de molho barbecue

MODO DE PREPARO
- Acenda o carvão na churrasqueira e deixe o braseiro ficar uniforme, por mais ou menos 40 minutos.
- Coloque o cominho, a pimenta chilli, a páprica, o sal e a pimenta-do-reino em um recipiente com tampa, feche e agite para misturar bem os ingredientes.
- Passe bem o tempero somente pela carne da costelinha, evitando a parte do osso.
- Leve a carne para a brasa a uma distância de 40 centímetros do fogo com os ossos virados para baixo e asse por uma hora e meia.
- Desça a grelha para 15 centímetros da brasa e deixe pegar cor por mais 20 minutos.
- Retire da brasa e sirva acompanhada do molho barbecue.

A costelinha com molho barbecue combina perfeitamente com as cervejas do tipo Weizen Rauchbie, que tem como característica principal suas notas defumadas

PARA HARMONIZAR COM O PRATO

DICA DE CHURRASQUEIRO

Comece o churrasco pela linguiça, ela tem preparo rápido e aguça o apetite para as próximas carnes. Asse em fogo médio e evite furá-la, pois isso pode ressecar a carne.

CHURRASCO DE LINGUIÇA

Rendimento: 5 porções
Tempo de preparo: 1h10

INGREDIENTES
• 1 kg de linguiça de sua preferência

MODO DE PREPARO
• Acenda o carvão na churrasqueira e deixe o braseiro ficar uniforme, por mais ou menos 40 minutos.
• Com uma pinça própria para churrasco, acomode as linguiças a 40 centímetros da brasa.
• Asse por 30 minutos virando sempre e tomando cuidado para não queimar a pele.
• Retire do fogo quando a linguiça estiver inchada e com coloração dourada.
• Coloque a linguiça em uma tábua, faça cortes de mais ou menos 1,5 cm e sirva em seguida.

linguiça toscana

PARA HARMONIZAR COM O PRATO

Linguiças toscana, mista, de lombo e de pernil harmonizam com cervejas do tipo Bohemian Pilsner. Seus maltes claros, amargor e aromas florais do lúpulo se misturam com os sabores condimentados dos embutidos.

PARA HARMONIZAR COM O PRATO

As linguiças dos tipos calabresa e apimentada vão bem com cervejas do tipo Vienna Lager. Seu sabor caramelizado e corpo médio amenizam o ardor da pimenta. A presença do lúpulo confere um leve amargor.

- linguiça apimentada
- linguiça calabresa
- linguiça mista
- linguiça de lombo
- linguiça de pernil

CHURRASCO NO DIA A DIA

A carne de porco preparada na churrasqueira ou na grelha do fogão fica uma delícia. Para poder aproveitar sempre esses sabores irresistíveis selecionamos receitas de dar água na boca e fáceis de fazer. Sirva-se e bom apetite!

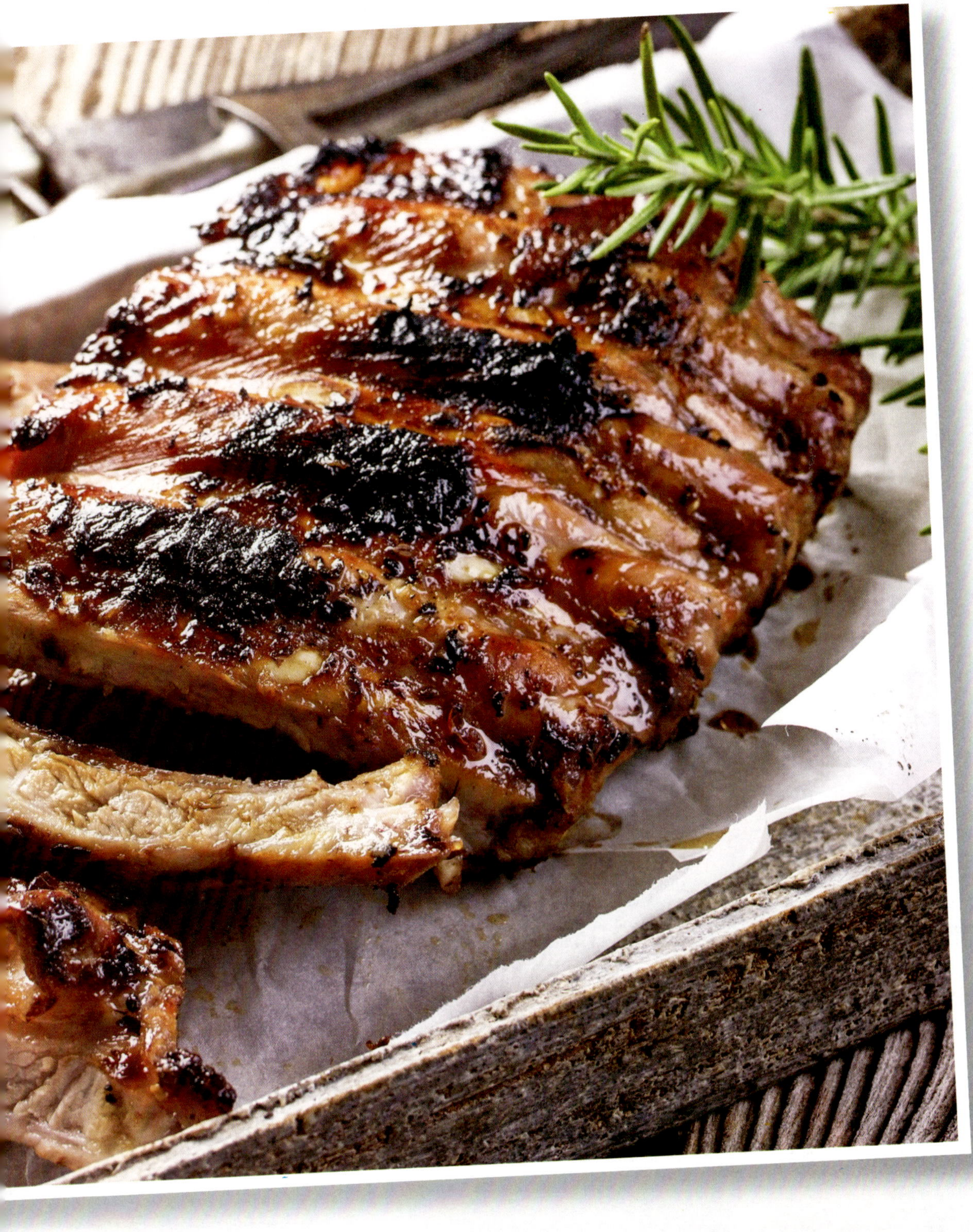

BISTECA DE PORCO AO MOLHO COM BATATAS

Rendimento: 4 porções
Tempo de preparo: 1h10

INGREDIENTES
- 4 bistecas de porco (100 g cada)
- 3 colheres (sopa) de azeite de oliva
- 2 colheres (sopa) de vinagre de vinho tinto
- 2 colheres (chá) de colorau
- 2 colheres (chá) de alho picado
- ½ colher (chá) de sal
- 1 batata-doce pequena sem pele

e cortada em rodelas finas
- 1 batata média sem pele e cortada em rodelas finas
- 1 cebola média cortada em fatias
- Papel-alumínio

MODO DE PREPARO
- Acenda o carvão na churrasqueira e deixe o braseiro ficar uniforme, por mais ou menos 40 minutos.
- Coloque o azeite com o vinagre, o colorau, o alho e metade do sal em um processador e misture até obter uma mistura cremosa. Reserve.
- Disponha a batata-doce, a batata e a cebola em uma tigela.
- Junte o sal restante, 3 colheres (sopa) do molho reservado e misture bem.
- Esfregue ambos os lados das bistecas com o molho restante.
- Faça um pacote com o papel-alumínio e coloque metade da mistura de batatas.
- Feche e repita o processo com o restante.
- Coloque os papelotes diretamente na grelha da churrasqueira, a 15 centímetros da brasa. Deixe assar por cerca de 10 minutos. Vire e deixe por mais 10 minutos para concluir o cozimento. Retire.
- Leve as bistecas à churrasqueira e deixe por 6 minutos, ou até a carne soltar líquidos.
- Vire a carne e deixe grelhar por mais 5 minutos de cada lado.
- Abra os papelotes, tomando cuidado com o vapor, e sirva acompanhados das bistecas.

COSTELINHA DE PORCO COM MIX DE ERVAS

Rendimento: 4 porções
Tempo de preparo: 1h10

INGREDIENTES
- 800 g de costelinha de porco
- 1/2 xícara (chá) de azeite de oliva
- Sal fino a gosto
- ¼ de xícara (chá) de mix de ervas secas
- Filme plástico

MODO DE PREPARO
- Acenda o carvão na churrasqueira e deixe o braseiro ficar uniforme, por mais ou menos 40 minutos.
- Misture bem o azeite, o sal e o mix de ervas.
- Coloque a carne em um recipiente e espalhe a mistura de ervas.
- Cubra com filme plástico, leve à geladeira e deixe marinar por 4 horas.
- Leve a costelinha para a brasa a uma distância de 40 centímetros do fogo com os ossos virados para baixo e asse por uma hora.
- Vire a carne e abaixe a grelha para 15 centímetros da brasa.
- Deixe mais 15 minutos ou até ficar dourada.
- Sirva em seguida.

PERNIL AO MOLHO VERMELHO COM PURÊ DE ABÓBORA

Rendimento: 4 porções • Tempo de preparo: 2h45

INGREDIENTES
- 400 g de pernil de porco sem osso
- Sal fino a gosto
- Pimenta-do-reino a gosto
- 1 copo de vinho branco
- 4 dentes de alho espremidos
- Suco de um limão
- Alecrim a gosto
- Papel-alumínio
- 400 g de abóbora japonesa
- 1 colher (chá) de gengibre ralado
- 2 colheres (sopa) de hortelã picada
- Sal fino a gosto
- Pimenta-do-reino branca a gosto
- ½ colher (chá) de curry em pó
- ½ colher (chá) de suco de limão
- 1 xícara (chá) de mix de frutas vermelhas
- 5 colheres (sopa) de vinho branco
- 2 colheres (sopa) de melado de cana
- ½ canela em pau
- 1 unidade de anis-estrelado
- 1 xícara (chá) de água
- ½ colher (sopa) de farinha de arroz

MODO DE PREPARO
- Acenda o carvão na churrasqueira e deixe o braseiro ficar uniforme, por mais ou menos 40 minutos.
- Tempere a carne com sal, pimenta, vinho branco, alho, o suco de limão e o alecrim. Leve à geladeira e deixe marinar por 1 hora.
- Cozinhe a abóbora com o gengibre até ficar macia.
- Amasse com um garfo, tempere com a hortelã, o sal, a pimenta branca o curry e o suco de limão. Reserve em local aquecido.
- Retire a carne da geladeira e descarte a marinada.
- Embrulhe o pernil com o papel-alumínio e leve à grelha a uma distância de 40 cm da brasa por 1 hora, virando a cada meia hora.
- Em uma panela, unte as frutas com o vinho, o melado, a canela e o anis. Tempere com sal a gosto e deixe cozinhar por 10 minutos em fogo baixo.
- Dissolva a farinha de arroz na água e misture ao molho.
- Deixe engrossar mexendo sempre, retire do fogo e reserve.
- Retire o papel do pernil e deixe assar mais 30 minutos virando uma vez.
- Desça a carne para 15 cm e deixe por mais 15 minutos ou até ficar dourada.
- Retire o pernil da brasa, fatie, regue com o molho e sirva acompanhado do purê.

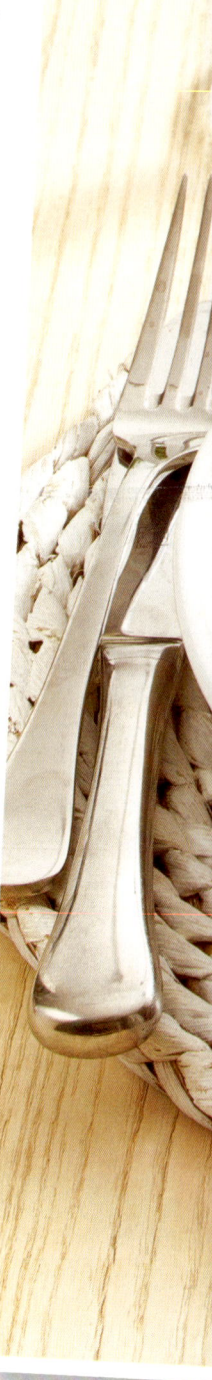

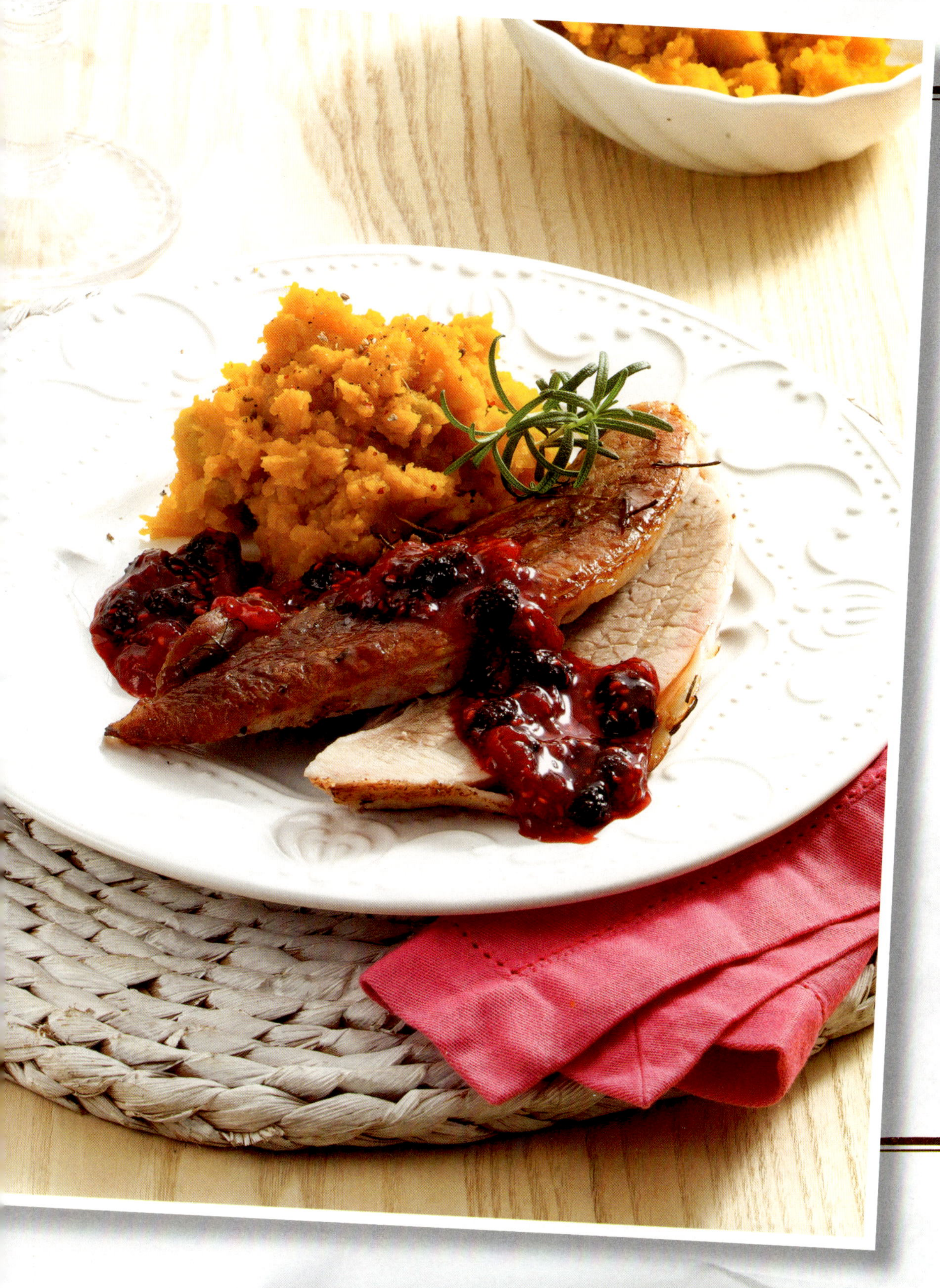

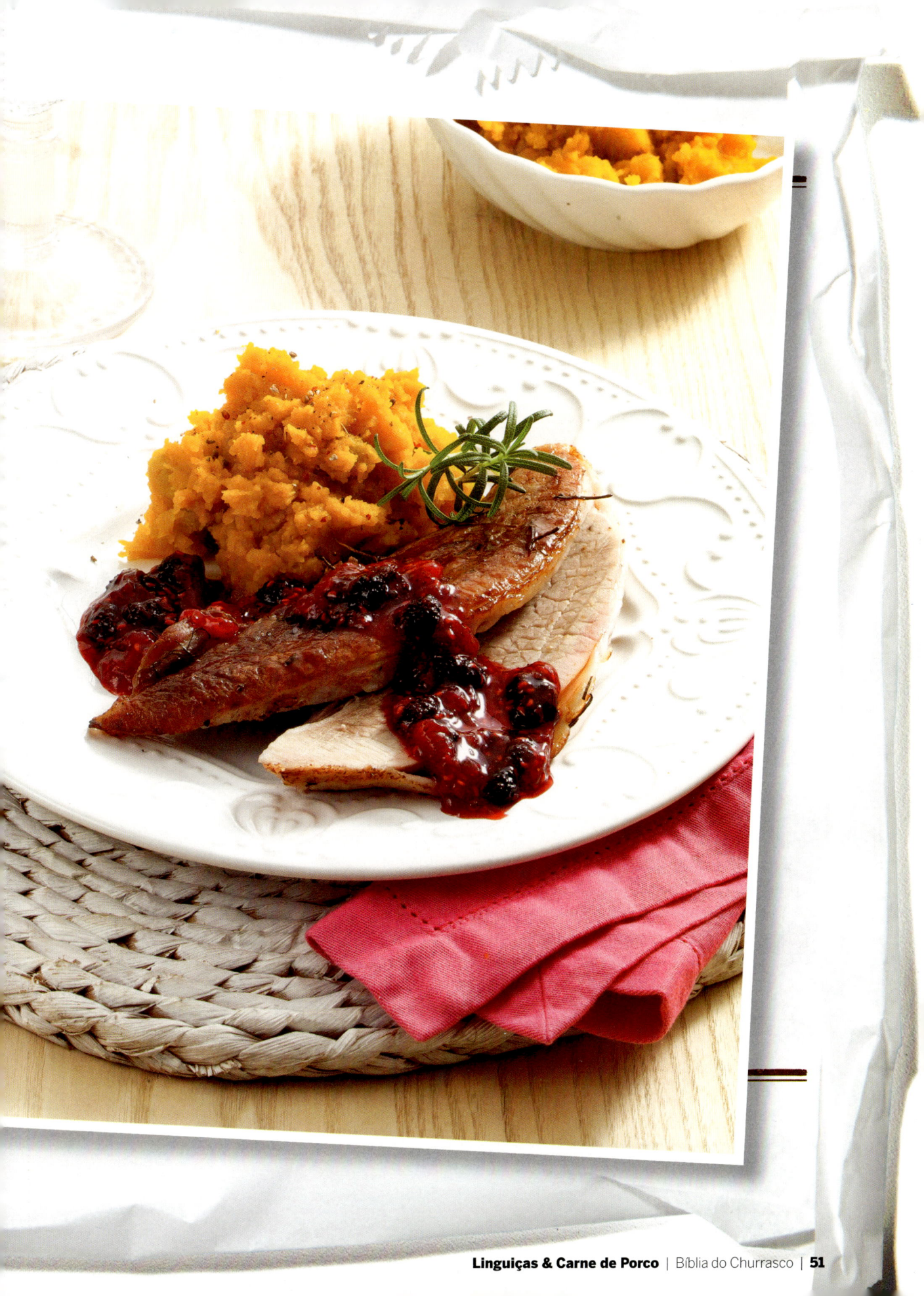

COSTELINHA DE PORCO NA BRASA COM MOLHO BARBECUE CASEIRO

Rendimento: 4 porções
Tempo de preparo: 2h40

INGREDIENTES
- 800 g de costelinha de porco
- ½ colher (sopa) de cominho em pó
- ½ colher (sopa) de pimenta chilli em pó
- ½ colher (sopa) de páprica em pó
- Sal e pimenta-do-reino moída a gosto

INGREDIENTES DO MOLHO
- 1 colher (sopa) de óleo vegetal
- 2 colheres (sopa) de cebola picada
- ½ xícara (chá) de açúcar mascavo
- ½ xícara (chá) de vinagre branco
- 2 colheres (sopa) de molho inglês
- 2 xícaras (chá) de ketchup
- 1 folha de louro
- 1 colher (sopa) de pimenta chilli em pó
- ½ xícara (chá) de água
- Sal e pimenta-do-reino a gosto

MODO DE PREPARO
- Acenda o carvão na churrasqueira e deixe o braseiro ficar uniforme, por mais ou menos 40 minutos.
- Começe preparando o molho. Refogue a cebola no óleo, acrescente o açúcar mascavo e o vinagre mexendo até o açúcar dissolver. Acrescente o molho inglês, o ketchup, o louro, o chilli em pó e a água. Tempere com o sal e a pimenta e deixe cozinhar por 30 minutos em fogo baixo ou até o molho engrossar. Espere esfriar e reserve.
- Coloque o cominho, a pimenta chili, a páprica, o sal e a pimenta-do-reino em um recipiente com tampa, feche e agite para misturar bem os ingredientes.
- Passe bem o tempero somente pela carne da costela de porco, evitando a parte do osso.
- Leve a costela para a brasa a uma distância de 40 centímetros do fogo com os ossos virados para baixo e asse por uma hora e meia.
- Retire da brasa, espalhe o molho barbecue e baixe a grelha para 15 centímetros da brasa.
- Deixe pegar cor por mais 15 minutos, retire e sirva em seguida.

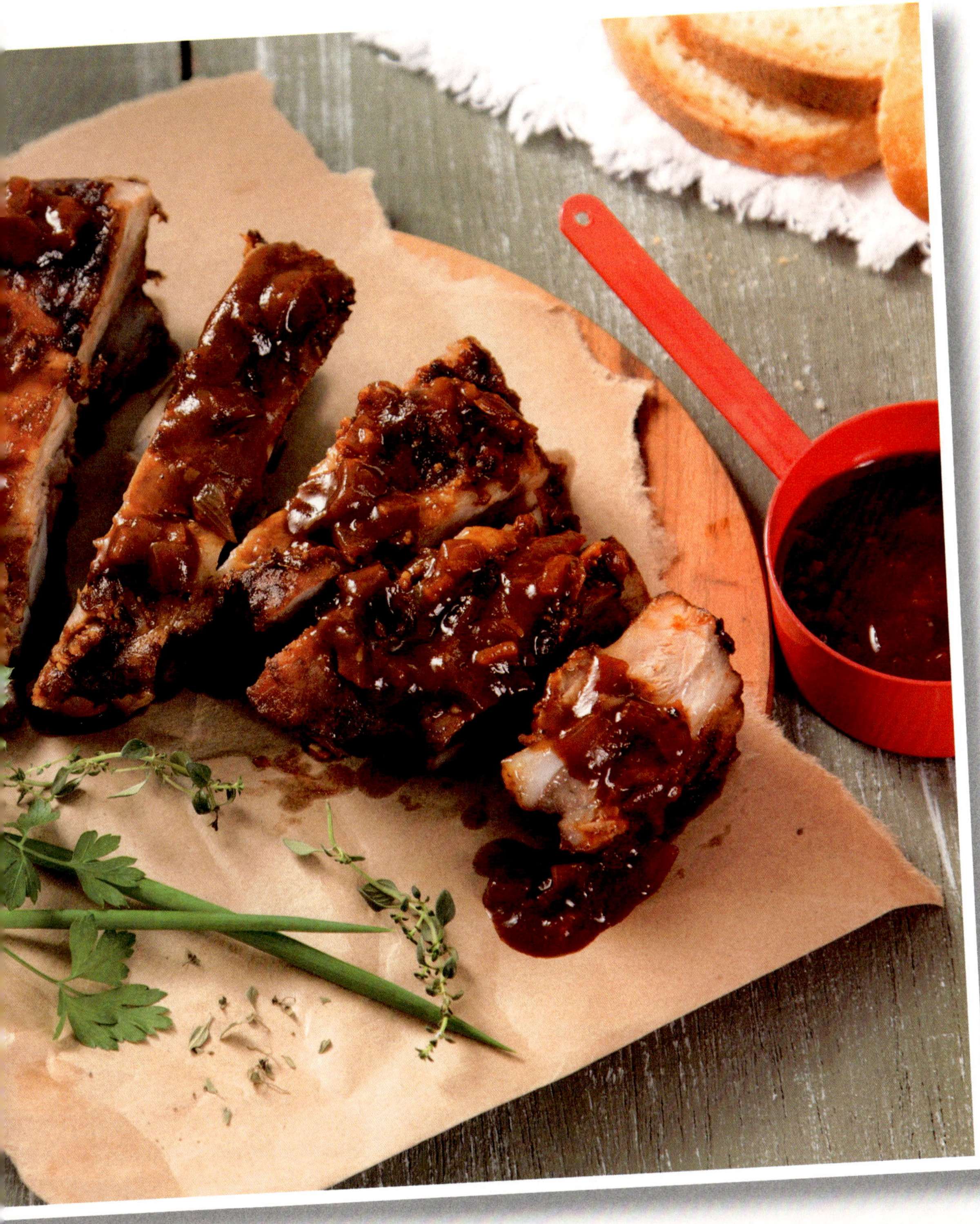

LOMBO DE PORCO COM GENGIBRE E MEL

Rendimento: 5 porções
Tempo de preparo: 4h

INGREDIENTES
- 1 kg de lombo de porco
- 1 colher (sopa) de gengibre ralado
- 1 dente de alho picado
- Sal a gosto
- 2 colheres (sopa) de vinagre
- 2 colheres (sopa) de molho de soja (shoyu)
- 2 colheres (sopa) de mel
- Papel-alumínio

MODO DE PREPARO
- Acenda o carvão na churrasqueira e deixe o braseiro ficar uniforme, por mais ou menos 40 minutos.
- Em um recipiente, misture o alho, o sal, o gengibre, o vinagre, o shoyu e o mel.
- Espalhe bem a mistura pela carne e reserve o molho que sobrar.
- Envolva o lombo em papel-alumínio e coloque na grelha a uma distância de 40 centímetros da brasa e deixe assar por 1 hora, virando 2 vezes.
- Retire o papel-alumínio, volte a carne para a grelha e asse por mais 1 hora, virando a cada 15 minutos.
- Espalhe um pouco do molho reservado todas as vezes que virar.
- Baixe a carne para uma distância de 15 centímetros do fogo e deixe por mais 15 minutos ou até ficar dourado.

BISTECA COM TEMPERO DE MOSTARDA

Rendimento: 4 porções
Tempo de preparo: 1h30

INGREDIENTES
- 4 bistecas
- Sal fino e pimenta-do-reino a gosto
- 1 dente de alho picado
- Suco de um limão
- Suco de ½ laranja
- 2 colheres (sopa) de molho de mostarda
- 2 colheres (sopa) de picles picado

MODO DE PREPARO
- Acenda o carvão na churrasqueira e deixe o braseiro ficar uniforme, por mais ou menos 40 minutos.
- Tempere a carne com sal, pimenta e alho.
- Em um recipiente, misture os sucos de limão e laranja com o molho de mostarda.
- Junte o molho às bistecas e deixe marinar por 10 minutos.
- Leve as bistecas à churrasqueira a uma distância de 15 centímetros da brasa por 6 minutos ou até a carne soltar líquidos.
- Vire e deixe grelhar por mais 6 minutos.
- Retire da brasa, deixe descansar por 1 minuto e sirva em seguida.

COSTELINHA DE PORCO NA BRASA COM VINHO BRANCO

Rendimento: 4 porções
Tempo de preparo: 2h10

INGREDIENTES
- 800 g de costelinha de porco
- ½ xícara (chá) de vinho branco
- 3 cubinhos de caldo de carne
- Suco de 1 limão
- Pimenta-do-reino a gosto
- Papel-alumínio

MODO DE FAZER
- Acenda o carvão na churrasqueira e deixe o braseiro ficar uniforme, por mais ou menos 40 minutos.
- Em uma panela, aqueça o vinho e dissolva o caldo de carne.
- Desligue o fogo, junte o limão e a pimenta-do-reino.
- Coloque a carne em uma assadeira, passe o tempero por toda a peça e cubra com o papel-alumínio.
- Leve a assadeira à churrasqueira a uma distância de 30 centímetros do fogo e asse por uma hora.
- Tire o papel-alumínio, vire a carne e abaixe a grelha para 15 centímetros da brasa.
- Deixe mais 30 minutos regando sempre com o líquido da assadeira.
- Sirva em seguida.

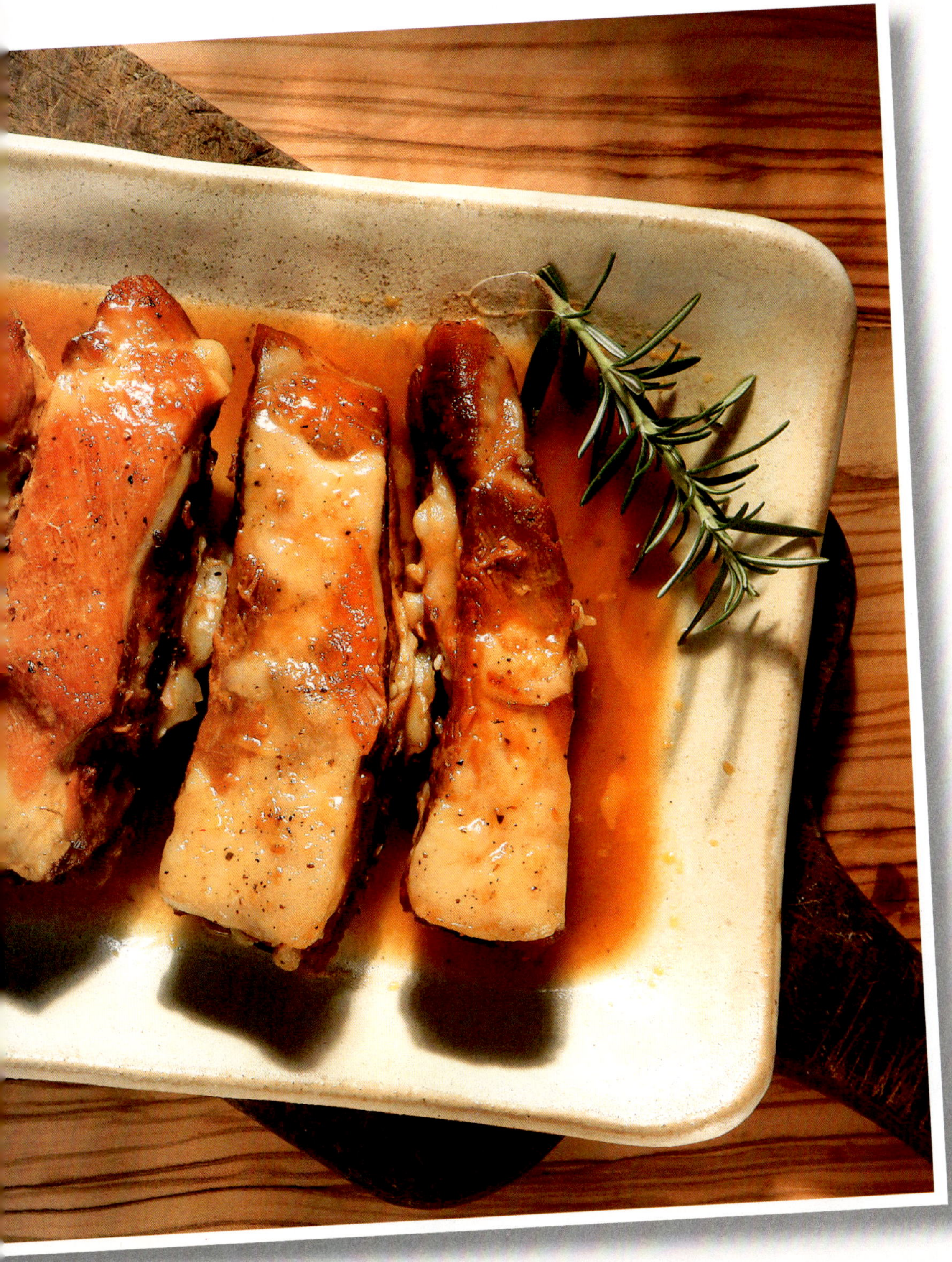

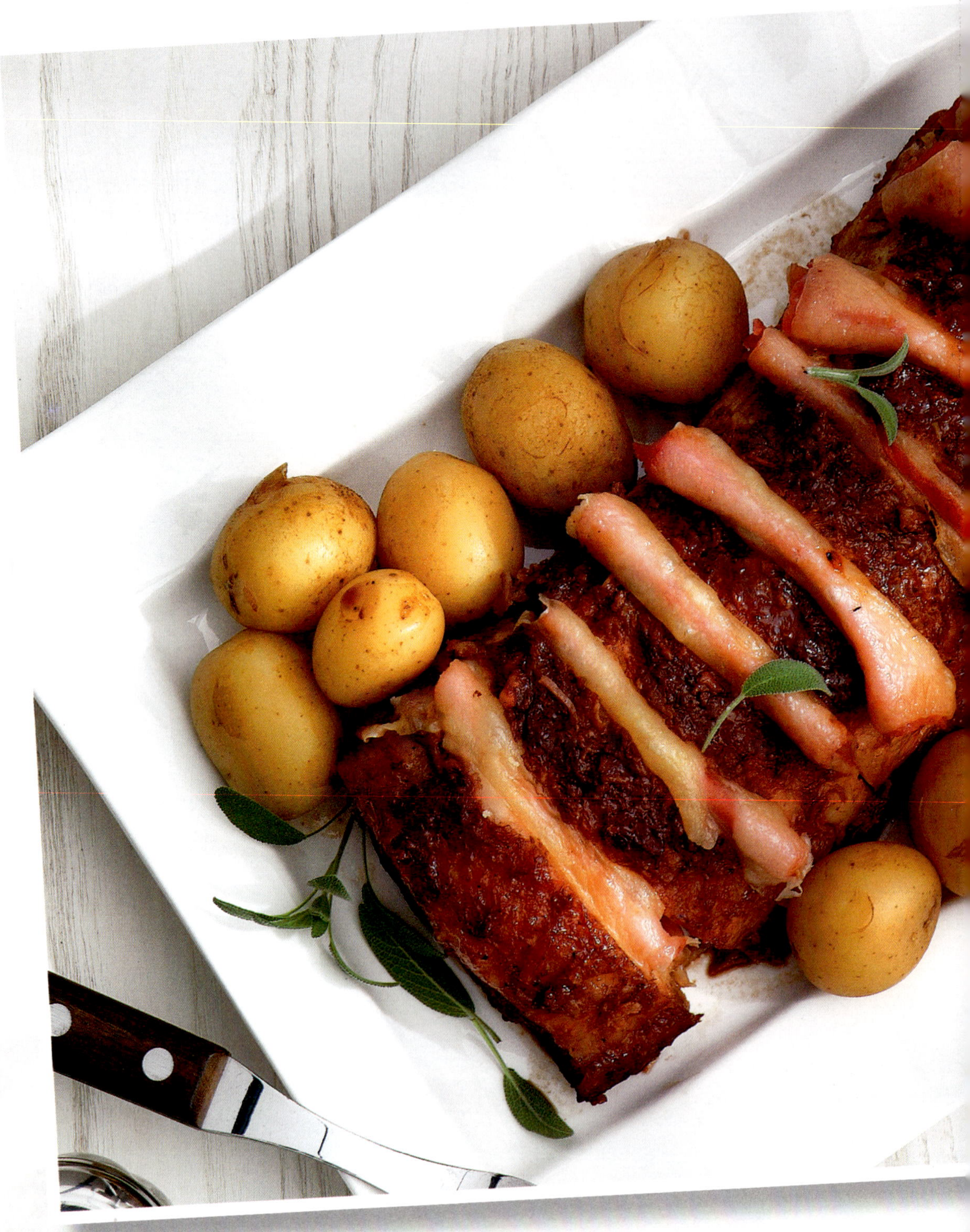

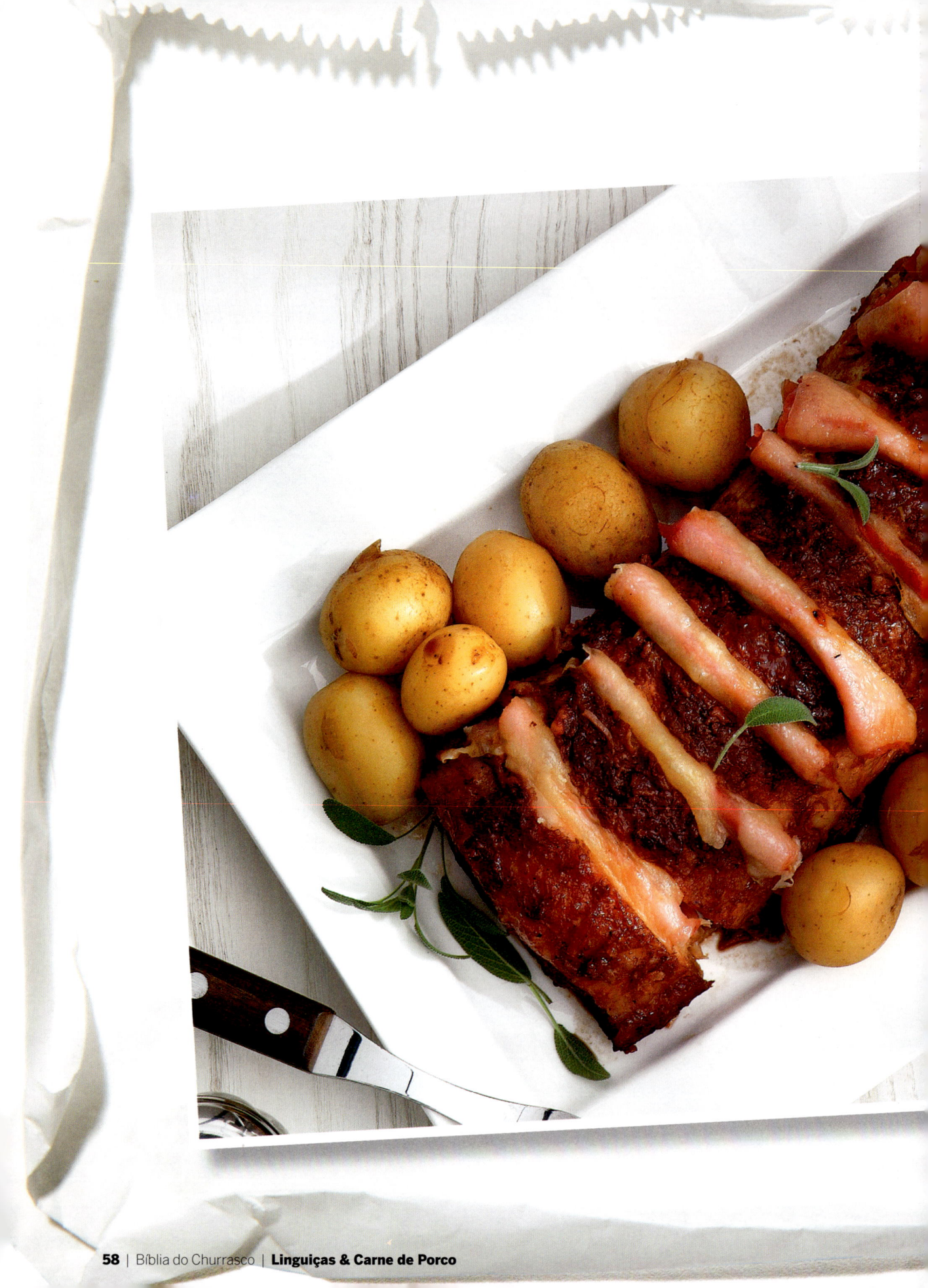

LOMBO RECHEADO NA BRASA

Rendimento: 8 porções
Tempo de preparo: 4h

INGREDIENTES
- 1 peça de lombo de porco de aproximadamente 2 kg
- 4 dentes de alho amassados
- 2 cebolas raladas
- 1 xícara (chá) de vinho tinto
- 40 ml de suco de limão
- 80 ml de suco de laranja
- 1 colher (chá) de pimenta-do-reino branca
- 1 colher (chá) de sal
- Filme plástico
- Papel-alumínio
- 5 fatias grossas de mozarela
- 5 fatias grossas de presunto

MODO DE PREPARO
- Em um recipiente, tempere a carne com alho, cebola, vinho, suco de limão e de laranja, pimenta e sal.
- Leve à geladeira e deixe marinar por 4 horas, virando a carne a cada hora.
- Retire a carne da geladeira, reserve o molho e envolva o lombo em papel-alumínio.
- Coloque o lombo de porco na grelha a uma distância de 40 centímetros da brasa e deixe assar por 1 hora, virando 2 vezes.
- Retire o papel-alumínio e volte a carne para a grelha.
- Asse por mais 1 hora, vire a cada 15 minutos.
- Espalhe um pouco do molho reservado todas as vezes que virar.
- Retire a carne da brasa, faça cortes em fatias grossas, sem separar as fatias.
- Coloque uma fatia de mozarela e outra de presunto em cada um dos cortes.
- Volte a carne para a churrasqueira a uma distância de 15 centímetros do fogo por mais 15 minutos, ou até o queijo derreter.
- Sirva acompanhado de batatinhas.

LOMBO DE PORCO MARINADO COM GELEIA DE PIMENTA

Rendimento: 6 porções • Tempo de preparo (carne): 2h40 • Tempo de preparo (geleia): 1h40

INGREDIENTES
- 1 kg de lombo
- 2 cebolas descascadas e raladas
- 5 dentes de alho amassados
- Suco de um limão
- 1 colher (sopa) de sal
- Ervas finas a gosto
- Papel-celofane próprio para churrasco

INGREDIENTES GELEIA
- 1 kg de maçãs
- 1 litro de água
- 3 pimentas dedo-de-moça
- 2 xícaras (chá) de açúcar
- 80 ml de vinagre (preferência de maçã, mas pode ser outro)

MODO DE PREPARO DA GELEIA
- Corte as maçãs em pedaços pequenos, retire a casca e as sementes.
- Coloque em uma panela com a água, deixe cozinhar em fogo baixo por aproximadamente 1 hora, ou até que as maçãs estejam bem moles, no ponto de fazer um purê.
- Espere esfriar e passe por um pano limpo.
- Bata no liquidificador 1 copo do suco e as pimentas.
- Coloque numa panela o restante do suco, o açúcar e o suco batido com as pimentas, deixe apurar por aproximadamente 30 minutos em fogo baixo, mexendo sempre.
- Coloque o vinagre e mexa bem, quando voltar a levantar fervura, teste o ponto. Se estiver pegajosa, como uma geleia, está pronta.

MODO DE PREPARO DA CARNE
- Junte a cebola, o alho, o caldo de limão, o sal e as ervas. Em seguida, tempere a carne com a mistura e deixe marinar por 60 minutos.
- Acenda o carvão na churrasqueira e deixe o braseiro ficar uniforme, por mais ou menos 40 minutos.
- Enrole a carne no papel-celofane, dando cerca de três voltas, e feche torcendo bem as pontas.
- Coloque o lombo de porco na grelha a uma distância de 40 centímetros da brasa e deixe assar por 2 horas, virando sempre.
- Retire o papel-celofane e desça a carne para uma distância de 15 centímetros do fogo por mais 20 minutos, virando uma vez.
- Retire a carne da churrasqueira, fatie e sirva com a geleia de pimenta.

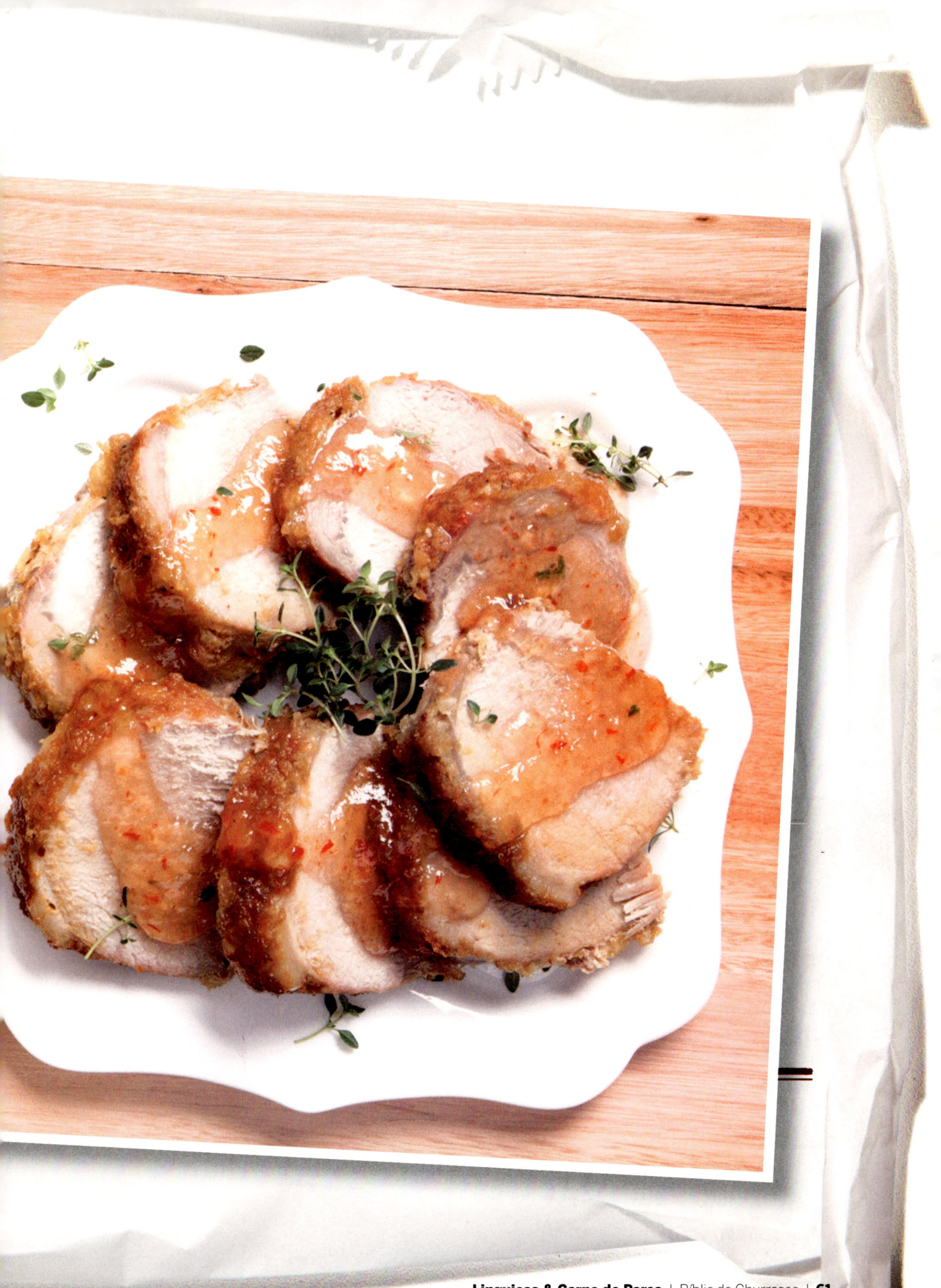

SANDUÍCHE DE PERNIL COM MOLHO BARBECUE

Rendimento: 4 porções • Tempo de preparo: 2h45

INGREDIENTES
- 400 g de pernil de porco sem osso
- Sal fino a gosto
- Pimenta-do-reino a gosto
- 1 copo de vinho branco
- 4 dentes de alho espremidos
- Suco de um limão
- Alecrim a gosto
- Papel-alumínio
- 5 pães de hambúrguer
- 10 pepinos em conserva fatiados
- Molho barbecue industrializado a gosto

MODO DE PREPARO
- Acenda o carvão na churrasqueira e deixe o braseiro ficar uniforme, por mais ou menos 40 minutos.
- Tempere a carne com sal, pimenta, vinho branco, alho, suco de limão e alecrim. Leve à geladeira e deixe marinar por 1 hora.

CARRÉ DE PORCO COM ERVAS FINAS

Rendimento: 8 porções
Tempo de preparo: 1h30

INGREDIENTES
- 8 pedaços de carré de porco
- 2 colheres (sopa) de azeite
- 3 colheres (sopa) de sal grosso
- 3 colheres (sopa) de alecrim desidratado
- 3 colheres (sopa) de orégano desidratado
- 3 colheres (sopa) de manjericão desidratado

MODO DE PREPARO
- Acenda o carvão na churrasqueira e deixe o braseiro ficar uniforme, por mais ou menos 40 minutos.
- Num processador, bata o sal grosso, o alecrim, o orégano e o manjericão.
- Tempere a carne com o azeite e depois espalhe bem o sal de ervas finas.
- Leve os pedaços de carré à churrasqueira a uma distância de 15 centímetros da brasa por 10 minutos ou até a carne soltar líquidos.
- Vire e deixe grelhar por mais 6 minutos.
- Retire da brasa, regue com um pouco mais de azeite e sirva em seguida.

- Embrulhe o pernil com o papel-alumínio e leve à grelha a uma distância de 40 cm da brasa por 1 hora, virando a cada meia hora.
- Retire o papel e deixe assar mais 30 minutos, virando uma vez.
- Desça a carne para 15 cm e deixe por mais 15 minutos ou até ficar dourada.
- Retire o pernil da brasa e desfie a carne ainda quente.
- Sele os pães em uma chapa ou frigideira, coloque uma porção do pernil, fatias de pepino e o molho barbecue. Sirva em seguida.

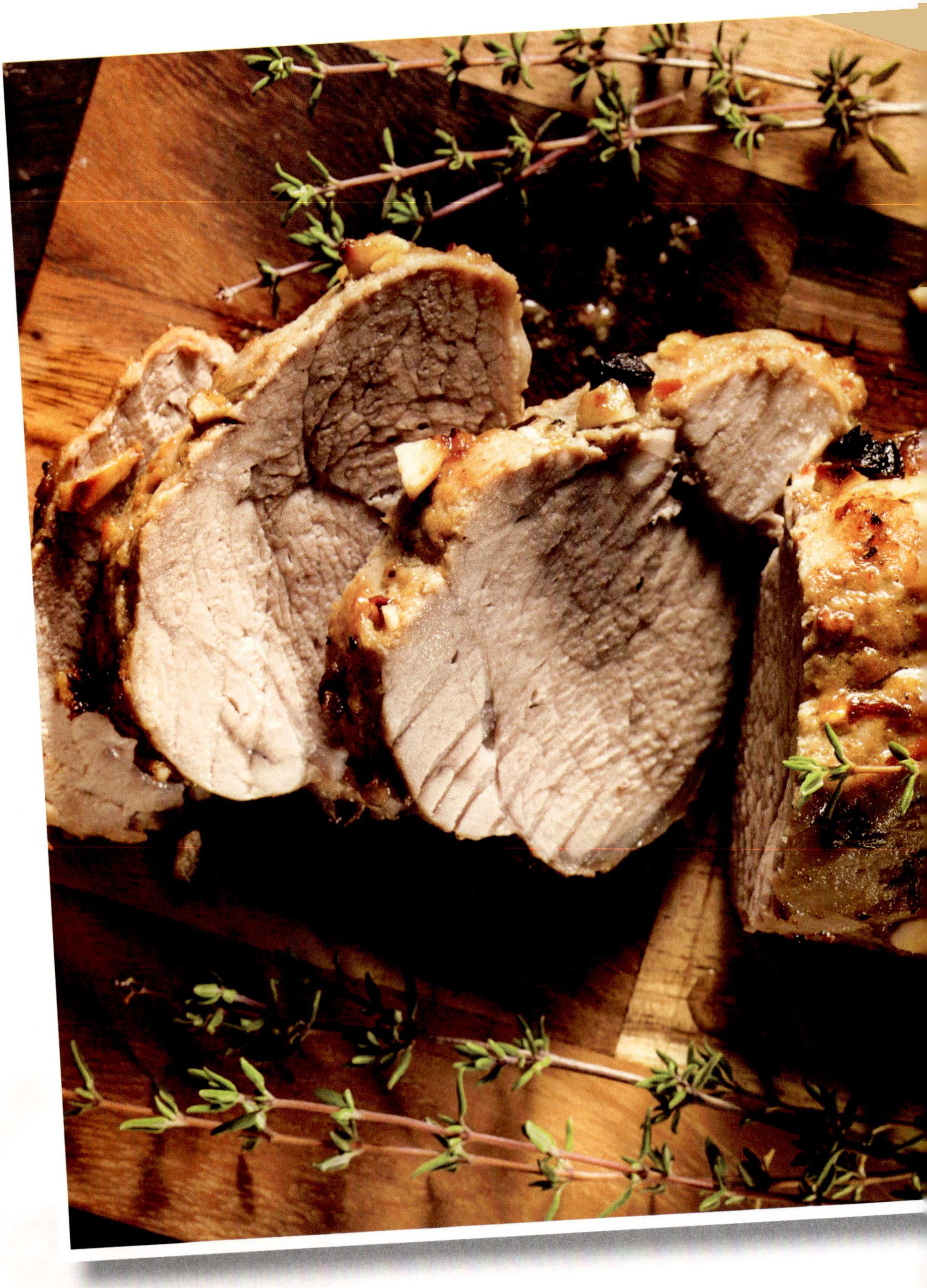

LOMBO DE PORCO COM ERVAS FINAS

Rendimento: 8 porções • Tempo de preparo: 3h

INGREDIENTES
- 1 lombo de porco de aproximadamente 2 kg
- Sal grosso em grãos médios a gosto
- 2 dentes de alho picados
- Pimenta-do-reino a gosto
- 1 colher (sopa) de alecrim fresco
- 1 colher (sopa) de orégano fresco
- 1 colher (sopa) de cheiro-verde fresco
- 1 colher (sopa) de manjericão fresco
- Suco de um limão
- Papel-alumínio

MODO DE PREPARO
- Acenda o carvão na churrasqueira e deixe o braseiro ficar uniforme, por mais ou menos 40 minutos.
- Pique finamente as ervas. Reserve.
- Acomode a carne sobre o papel-alumínio, tempere com o sal, a pimenta, o alho, espalhe as ervas picadas e regue com o suco de limão.
- Embrulhe bem a carne no papel e leve para a grelha a uma distância de 40 centímetros da brasa.
- Asse por uma hora e meia, virando a cada meia hora.
- Retire o papel-alumínio e desça a carne para uma distância de 15 centímetros do fogo por mais 20 minutos, virando uma vez ou até dourar.
- Retire a carne da churrasqueira, fatie e sirva em seguida.

BARRIGA DE PORCO COM TEMPERO DE LIMÃO

Rendimento: 10 porções
Tempo de preparo: 2h
(mais 12 horas de marinada)

INGREDIENTES
- 1 kg de barriga de porco
- 1 colher (sobremesa) de sal fino
- 2 colheres (sobremesa) de orégano
- Pimenta-do-reino a gosto
- Suco de três limões
- 2 dentes de alho picados
- Filme plástico

MODO DE PREPARO
- Faça de 3 a 4 cortes ao longo da carne sem cortar a pele.
- Em um recipiente, tempere a peça com o sal, o orégano, a pimenta e o suco de dois limões.
- Cubra com o filme plástico e leve à geladeira por 12 horas.
- Acenda o carvão na churrasqueira e deixe o braseiro ficar uniforme, por mais ou menos 40 minutos.
- Retire o excesso de sal e leve à churrasqueira, com a gordura virada para cima, a uma distância de 40 centímetros da brasa por uma hora e meia.
- Desça a carne para uma distância de 15 centímetros do fogo com a pele virada para baixo e deixe até pegar cor, por aproximadamente 15 minutos.
- Retire do fogo, corte em fatias, regue com suco de limão e sirva em seguida.

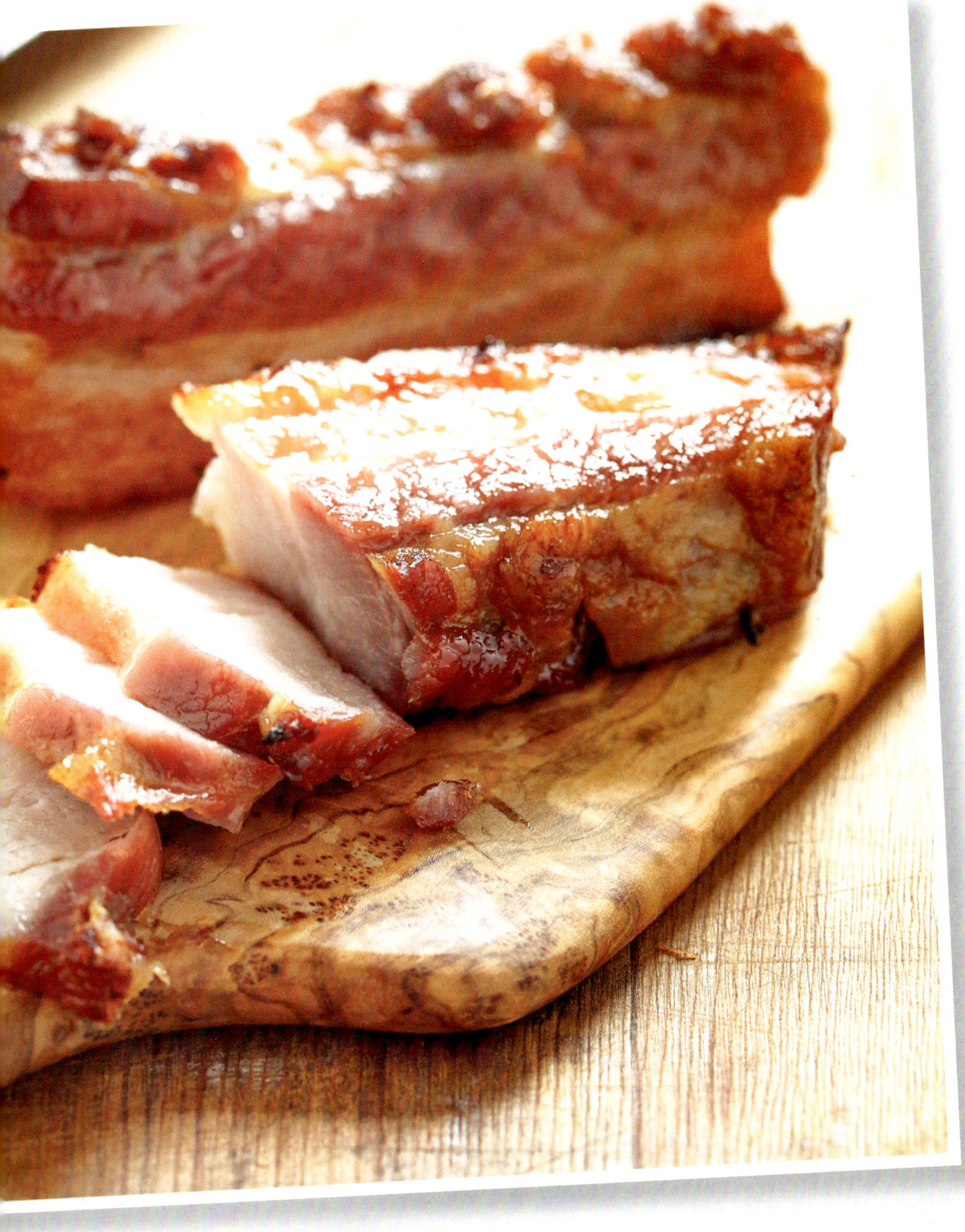

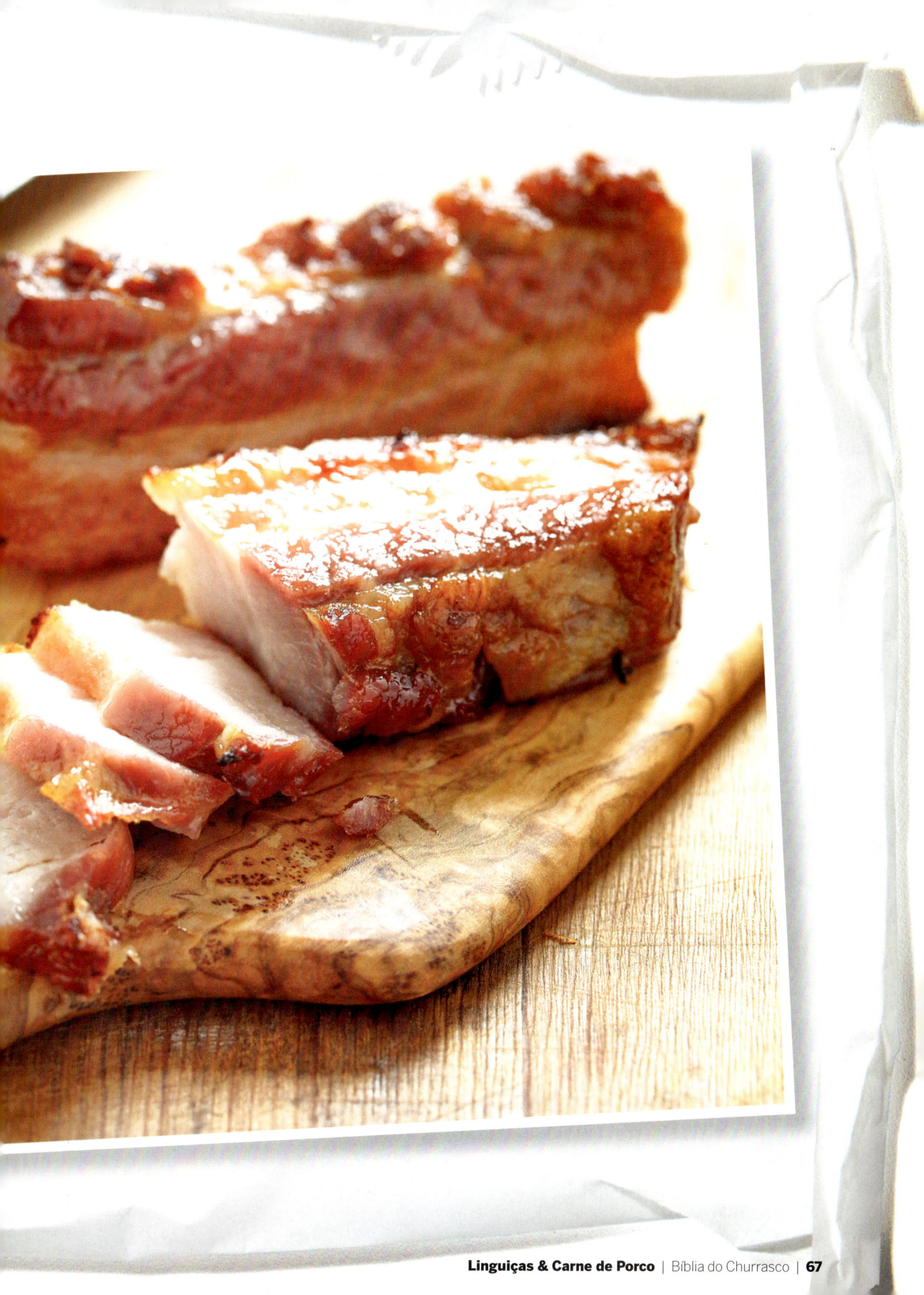

ESPETINHOS DE LOMBO COM LEGUMES E BACON

Rendimento: 12 porções
Tempo de preparo: 2h30

INGREDIENTES
- 1 kg de lombo de porco cortado em cubos
- 1 xícara (chá) de açúcar
- 1 xícara (chá) de molho de soja
- 1 cebola picada
- 5 dentes de alho picados
- Pimenta-do-reino a gosto
- Filme plástico
- 1 pimentão vermelho cortado em cubos
- 1 pimentão amarelo cortado em cubos
- 1 cebola cortada em cubos
- 6 fatias finas de bacon
- Sal fino e pimenta-do-reino a gosto

MODO DE PREPARO
- Em um recipiente, misture o açúcar, o molho de soja, a cebola, o alho e a pimenta.
- Junte a carne à marinada, misture bem, cubra com filme plástico e leve à geladeira por 2 horas.
- Acenda o carvão na churrasqueira e deixe o braseiro ficar uniforme, por mais ou menos 40 minutos.
- Faça espetinhos alternando os cubos de carne, pimentão, cebola e as fatias de bacon.
- Coloque na grelha a 40 cm da brasa por 30 minutos, virando sempre até assar por igual. Sirva assim que ficarem dourados.

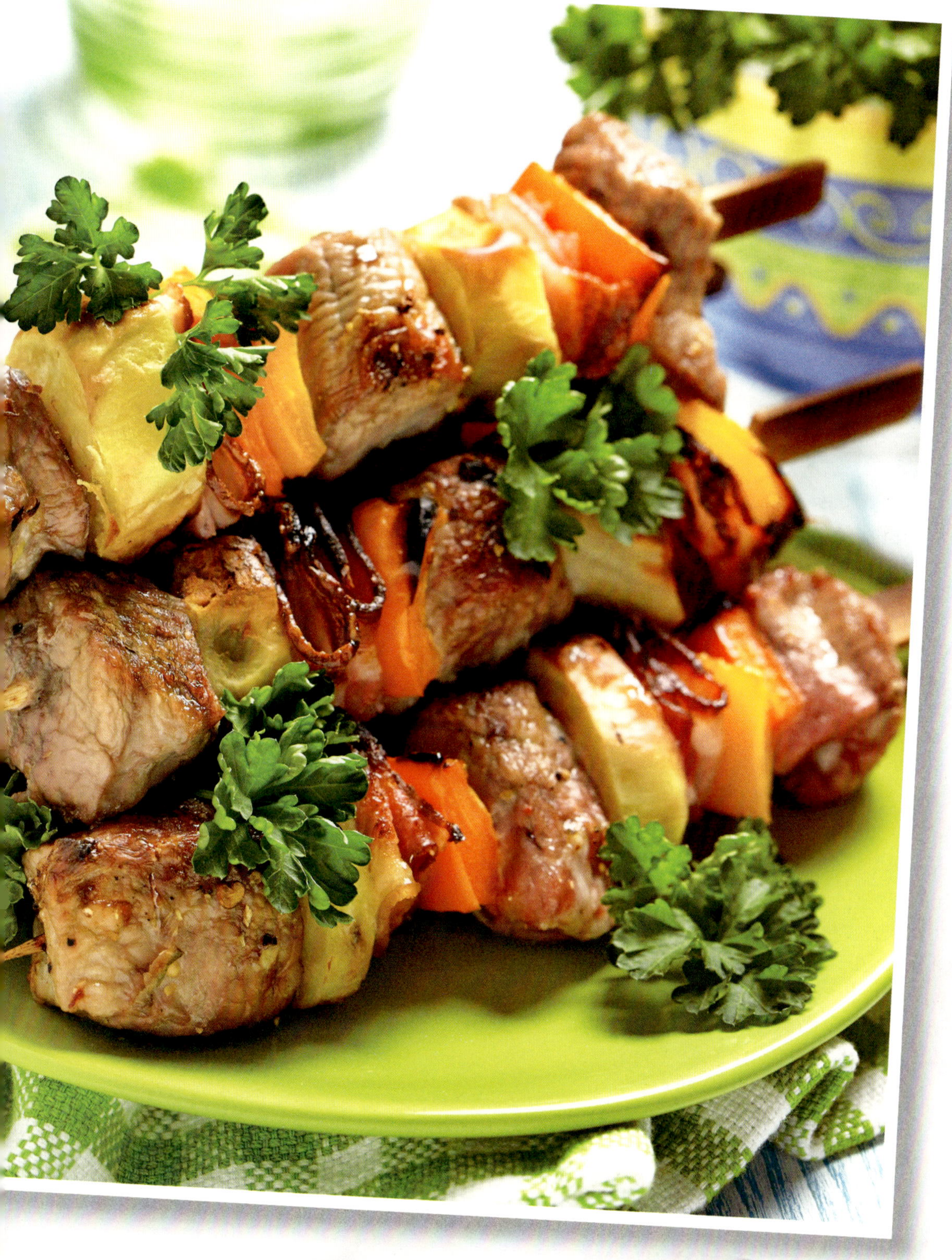

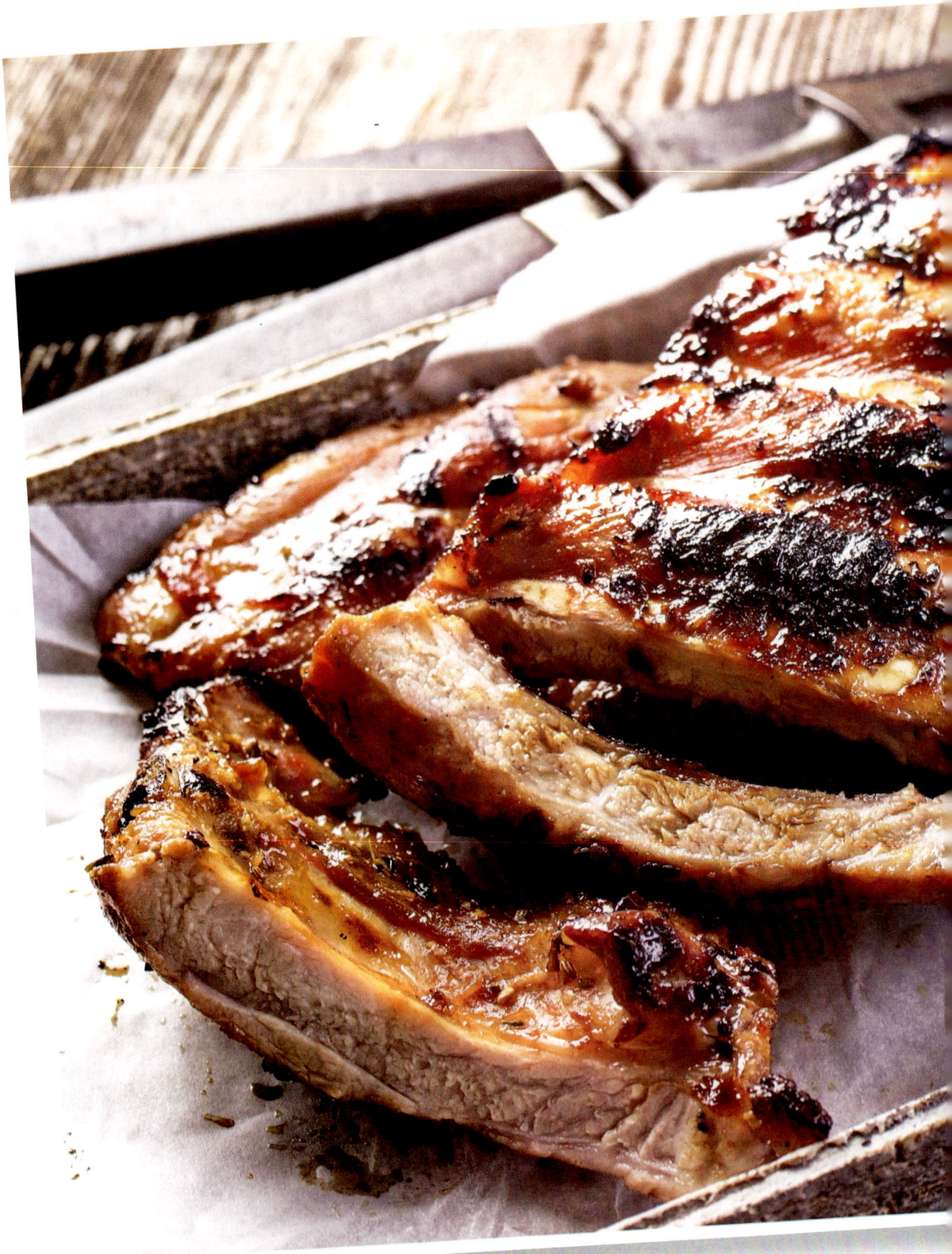

COSTELINHAS DE PORCO COM LIMÃO E ERVAS

Rendimento: 4 porções
Tempo de preparo: 3h

INGREDIENTES
- 800 g de costelinha de porco
- 2 colheres (sopa) de azeite
- Sal fino a gosto
- Alecrim e orégano frescos a gosto
- 2 limões

MODO DE PREPARO
- Limpe bem a costelinha e faça furos na carne com um garfo.
- Tempere com o azeite, o sal, as ervas e o suco de um limão.
- Deixe a carne descansar 30 minutos.
- Acenda o carvão na churrasqueira e deixe o braseiro ficar uniforme, por mais ou menos 40 minutos.
- Leve a carne à grelha a uma distância de 15 centímetros da brasa por uns 10 minutos, virando na metade do tempo.
- Suba a carne para uma distância de 40 centímetros do fogo com os ossos virados para baixo. Asse por duas horas, virando a carne a cada meia hora.
- Retire da churrasqueira, regue com o suco de um limão e sirva em seguida.

BISTECA DE PORCO COM LEGUMES GRELHADOS
Rendimento: 4 porções • Tempo de preparo: 1h

INGREDIENTES
- 1 kg de bisteca de porco
- Sal a gosto
- 1/2 xícara (chá) de coentro picado
- 1 colher (sopa) de azeite
- 1 colher (sopa) de mel
- 1 colher (sopa) de suco de limão
- 1 colher (chá) de pimenta-do-reino
- 1 colher (chá) de raspas de casca de limão
- 1 pimentão vermelho sem sementes cortado em tiras largas
- 2 cebolas cortadas em fatias grossas
- 2 tomates cortados ao meio
- 1 pimenta dedo-de-moça
- 6 cogumelos paris frescos
- Pimenta-do-reino a gosto
- Azeite a gosto

MODO DE PREPARO
- Acenda o carvão na churrasqueira e deixe o braseiro ficar uniforme, por mais ou menos 40 minutos.
- Misture o sal, o coentro, o azeite, o mel, o suco de limão, a pimenta, as raspas e o suco do limão.
- Junte a carne a essa mistura e deixe descansar por 10 minutos.
- Leve as bistecas à churrasqueira a uma distância de 15 centímetros da brasa por 6 minutos ou até a carne soltar líquidos.
- Enquanto isso, tempere os legumes com sal e pimenta e pincele com o azeite.
- Leve os legumes à brasa e deixe dourar dos dois lados.
- Vire a carne e deixe grelhar por mais 6 minutos ou até ficar dourada.
- Retire as bistecas da brasa e sirva acompanhadas dos legumes grelhados.

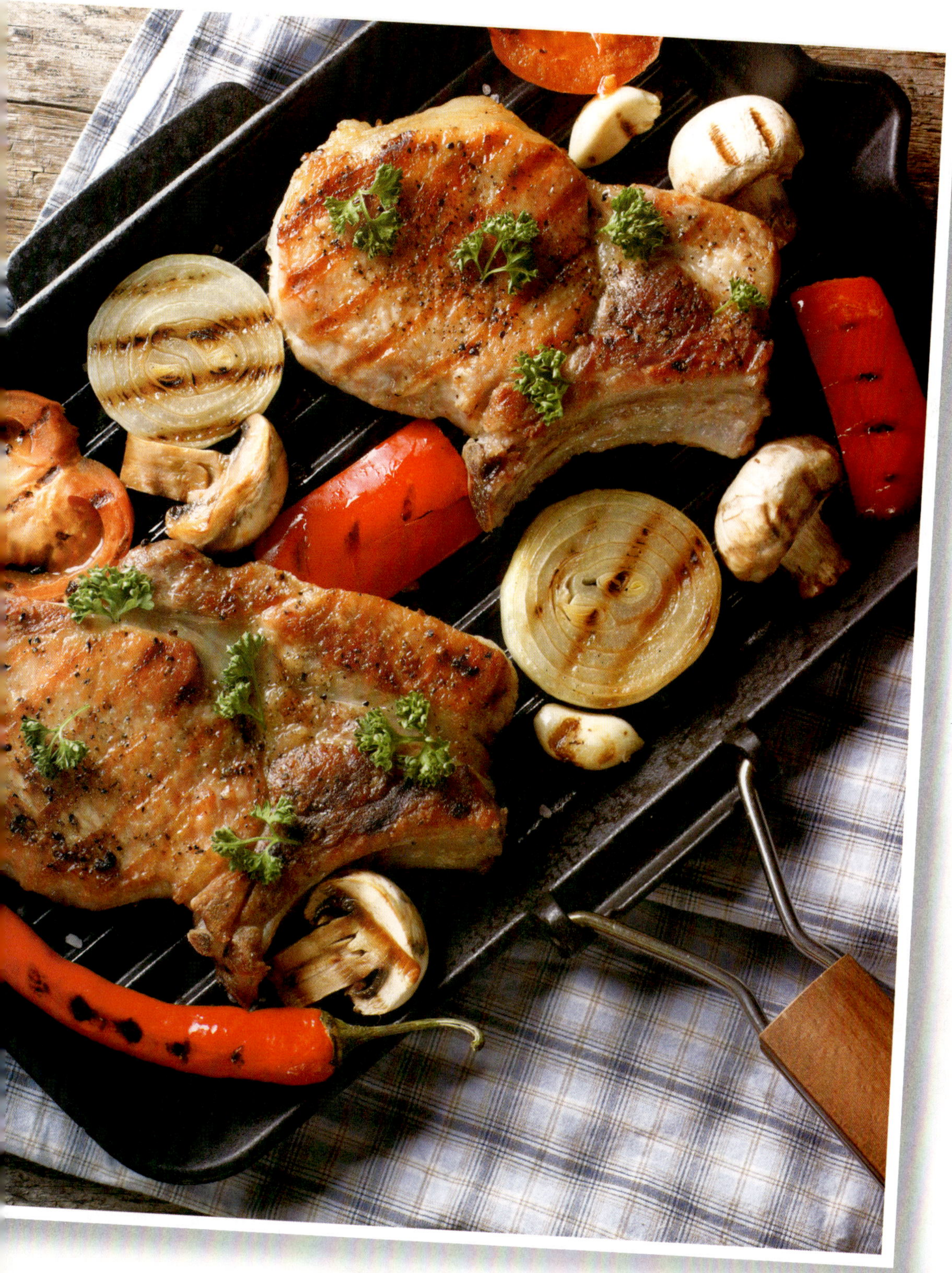

MANUAL DO BOM CHURRASQUEIRO

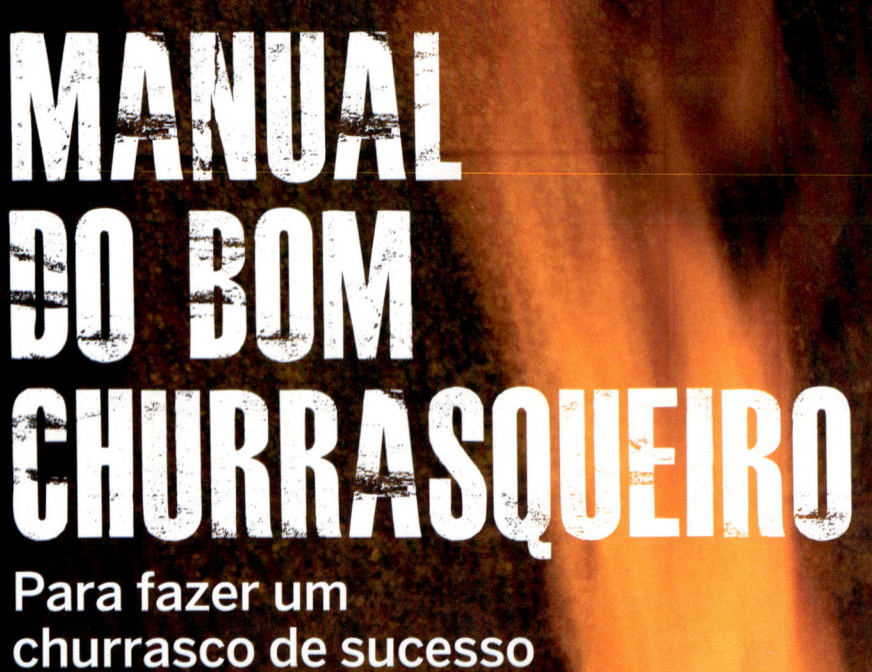

Para fazer um churrasco de sucesso é preciso saber escolher e manipular as peças, controlar o braseiro e acertar o ponto da carne. Veja a seguir uma seleção de dicas e truques para um grelhado perfeito

Mantenha a carne perfeita e livre de contaminação

Uma das coisas fundamentais quando se trabalha com alimentos é a higiene, principalmente quando o produto em questão é a carne, que, por ser manipulada *in natura*, está sujeita a proliferação de micro-organismos e bactérias. Também muito importante é o método de descongelamento e armazenamento durante o churrasco. Antes de começar a trabalhar as carnes, lave bem todos os utensílios que for usar, como facas, tábuas, espetos, grelhas e travessas. Mantenha as mãos sempre limpas, lavando com sabão cada vez que for mexer nos alimentos. Depois de ter todas as ferramentas limpas, providencie um local para armazenar as carnes durante o churrasco. Elas devem permanecer em uma temperatura entre 0° e 5° C. Pode ser numa geladeira ou isopor com gelo, o mais importante é estar bem perto da churrasqueira. A carne deve sair da refrigeração, ser salgada e posta na grelha sem ficar muito tempo exposta à temperatura ambiente, o que prejudica sua qualidade. Se optar pelo isopor, tome cuidado para o gelo e a água não entrarem em contato com a carne, mantendo a embalagem bem fechada e as pedras de gelo em sacos plásticos herméticos.

Calcule a quantidade certa

550 gramas é a quantidade aproximada que um homem consome num churrasco. Para as mulheres a conta fica em 400 gramas e, 250 gramas para as crianças. Essa equação não é exata, porque depende da quantidade de acompanhamentos e entradas. Peças com osso, como os cortes de frango e costela, devem pesar o dobro, para compensar a perda.

6 regras de ouro para preparar a carne

1. Descongele a carne sempre de um dia para o outro, dentro da geladeira. Mínimo de 12 horas.

2. Trabalhe com, no mínimo, duas tábuas e duas facas. Use uma das tábuas e uma das facas para manipular a carne crua e a outra para manipular a carne assada ou grelhada.

3. Nunca inverta as tábuas ou as facas, esse procedimento evita a contaminação cruzada.

4. Tenha uma lixeira próxima da churrasqueira e dê preferência para os modelos com pedal para evitar a contaminação da mão em contato com a tampa.

5. Use sempre um avental e tenha à mão panos de prato para manter as superfícies limpas.

6. Mantenha os cabelos curtos ou presos, as unhas cortadas e barbas aparadas ou protegidas durante o preparo.

Quais são e como funcionam os principais tipos de churrasqueiras e grelhas

CHURRASQUEIRAS

PRÉ-FABRICADA DE ALVENARIA COM CHAMINÉ: tem revestimento térmico apenas na fornalha (base e lados onde é depositado o carvão) e tem altura padrão de 2,20 metros. Dispensa mão de obra especializada para a instalação.

DE ALVENARIA COM CHAMINÉ: mais durável que o modelo pré-fabricado, por ser todo feito em material refratário, oferece melhor rendimento térmico. É feita sob medida por profissional especializado.

ABERTA: de alvenaria, também é conhecida como grelha. Basicamente é uma caixa na qual se coloca o carvão e suporte para grelha e espetos. Pode ter dois ou três andares. Ideal para espaços abertos, pois não tem chaminé para dispersar a fumaça.

PORTÁTEIS: podem ser retangulares, quadradas ou redondas, abertas ou com tampas para bafo. As mais sofisticadas possuem até controle de temperatura. O material usado na fabricação pode ser aço inox, ferro ou ferro fundido.

BAFO: esse tipo de churrasqueira tem uma tampa, que funciona como forno, assando a carne por igual. É perfeita para carnes que precisam ser amaciadas como a costela.

GRELHAS

Seu uso facilita a vida do churrasqueiro. Com ela é possível acomodar vários tipos de corte e, com o controle de altura, grelhar e assar. Para grelhar cortes como bombom, entrecôte e filé-mignon e ter uma carne bem selada e suculenta, posicione a grelha a 15 cm de altura do braseiro. Para assar peças maiores, como a picanha inteira, deixe a 40 cm, e para peças grandes, como a costela, deixe a 60 cm da brasa.

GRELHA ARGENTINA Este é o modelo mais indicado pelos churrasqueiros profissionais, também conhecidas como canaletadas ou grelha parrilla. Suas canaletas de metal em formato de "V" possuem inclinação, o que faz que o sangue, a gordura e o tempero deslizem e se acumulem nas pingadeiras. Isso evita o gotejamento sobre o braseiro e a formação de labaredas, que não são ideais para o preparo do churrasco.

BARRAS Fáceis de higienizar durante e depois do preparo, proporcionam um contato maior entre os cortes e o braseiro, graças à distância entre as barras. Para evitar que a liberação de gordura e sulcos da carne formem labaredas, jogue as cinzas do churrasco anterior sobre a brasa.

MOEDAS Sua limpeza é mais difícil e é necessário o uso de escova durante o churrasco, para evitar que os sabores de carnes diferentes se misturem. Tendem a formar ondulações, pois são confeccionadas com uma única tela. É muito boa para preparar hambúrgueres.

AUXILIARES Existem diversos modelos, são móveis, de abrir e fechar e permitem que o corte seja virado de uma vez. Perfeitas para o preparo de peixes e legumes, também podem ser usadas para pequenas peças de carne.

GRELHA X ESPETO QUEM LEVA A MELHOR

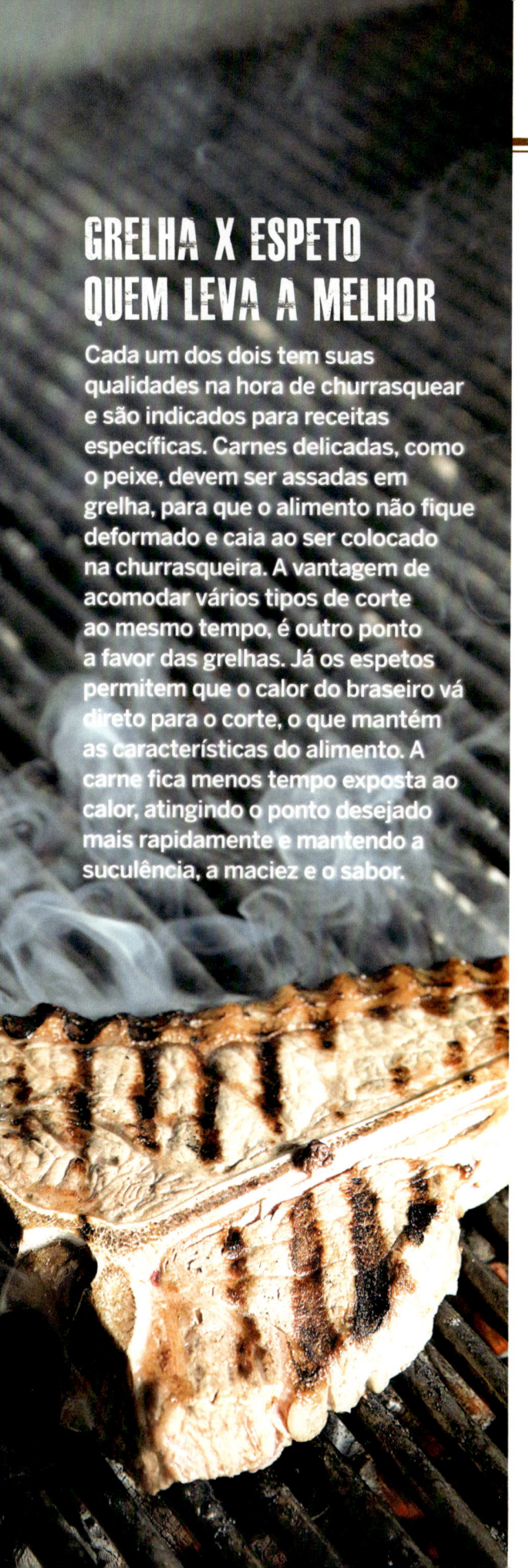

Cada um dos dois tem suas qualidades na hora de churrasquear e são indicados para receitas específicas. Carnes delicadas, como o peixe, devem ser assadas em grelha, para que o alimento não fique deformado e caia ao ser colocado na churrasqueira. A vantagem de acomodar vários tipos de corte ao mesmo tempo, é outro ponto a favor das grelhas. Já os espetos permitem que o calor do braseiro vá direto para o corte, o que mantém as características do alimento. A carne fica menos tempo exposta ao calor, atingindo o ponto desejado mais rapidamente e mantendo a suculência, a maciez e o sabor.

Colocando as armas na mesa

As facas são responsáveis pela precisão e melhor aproveitamento dos cortes, e é fundamental que estejam bem afiadas. Se tiverem perdido o fio, será necessária uma afiação com pedra própria para amolar. A melhor técnica é umedecer a pedra por cinco minutos para ela ganhar abrasividade, depois deslizar ¾ da lâmina sobre a superfície da pedra, com muita atenção para que o dorso da faca vá ao encontro da pedra, e não o fio da lâmina. Esse movimento deve ser em diagonal e com uma leve inclinação. O mesmo movimento deve ser repetido várias vezes, até ficar bem amolada. É importante deslizar os dois lados da faca o mesmo número de vezes.

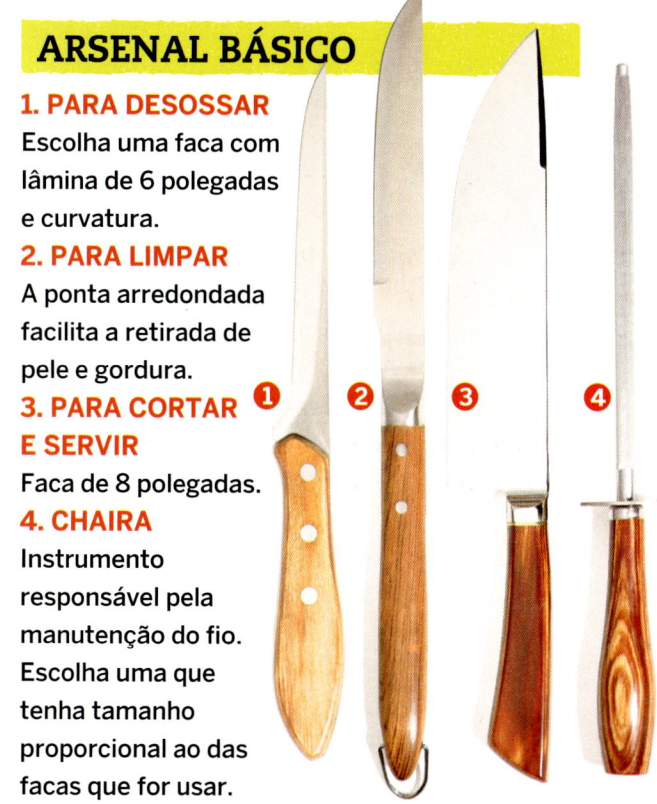

ARSENAL BÁSICO

1. PARA DESOSSAR
Escolha uma faca com lâmina de 6 polegadas e curvatura.
2. PARA LIMPAR
A ponta arredondada facilita a retirada de pele e gordura.
3. PARA CORTAR E SERVIR
Faca de 8 polegadas.
4. CHAIRA
Instrumento responsável pela manutenção do fio. Escolha uma que tenha tamanho proporcional ao das facas que for usar.

APRENDA A AFIAR

Use a chaira nas facas que estão com o fio em ordem e que precisam apenas de manutenção durante o churrasco. Veja a seguir, passo a passo, a melhor técnica de afiação.

1. Use sempre uma chaira de tamanho proporcional ao da faca e com o mesmo comprimento de lâmina.

2. Com as mãos firmes e o polegar firmando a faca, deslize 3/4 da lâmina no início da chaira, de cima para baixo, ou ao contrário.

3. A lâmina da faca deve formar um ângulo de 30° em relação à chaira em movimento único. Repita o processo nos dois lados, de preferência com a mesma inclinação e velocidade, para que o fio fique uniforme.

DICA DE CHURRASQUEIRO

Conserve as facas limpas e secas, de preferência em um cepo ou bainha, para não danificá-las pelo contato com outros objetos.

A quantidade de carvão e o uso da técnica correta são determinantes para o sucesso do churrasco

O fogo deve ser aceso 40 minutos antes de começar o evento. Esse tempo é necessário para que o braseiro fique uniforme. Escolha um carvão de eucalipto – ele tem boa resistência, durabilidade, queima uniformemente, retém mais calor e é ecológico – ou briquetes, feitos de pó de carvão e amido (nesta opção, o fogo é lento, ideal para assados que levam mais tempo na churrasqueira, como costela ou cupim). Acomode uma pequena quantidade de carvão e use álcool gel ou álcool em pasta para acender o fogo – um pãozinho amanhecido embebido em álcool também é uma boa opção. O grande segredo é evitar colocar muito carvão, o excesso faz que o braseiro não consiga manter a temperatura constante, diminuindo em determinado momento e levantando labaredas em outro. O fogo deve sempre ser alimentado aos poucos, colocando

Conheça os tipos de sal

SAL GROSSO EM GRÃOS MÉDIOS
Tem o menor poder de salgar e é usado para temperar peças maiores, com mais de 1 kg, como a picanha inteira e a costela

SAL GROSSO TRITURADO EM GRÃOS FINOS
É usado para cortes com mais de 4 cm de altura. Também tempera a peça de carne que foi fatiada e volta a assar

SAL FINO
Para cortes como o filé-mignon, com até 3 cm de altura, que geralmente vão para a grelha. Deve ser usado com cuidado, pois é o que tem o maior poder de salgar

---

algumas pedras novas ao lado do braseiro e, conforme a necessidade, ir alimentando com mais e misturando lentamente. Para garantir melhor sabor à carne, espere que o braseiro fique em sua maioria incandescente, com uma fina camada branca por cima. Nunca use água para controlar as labaredas, esse método apenas faz fumaça e libera fuligem. Jogue as cinzas guardadas do churrasco anterior sobre a brasa, isso evitará que o fogo avance e manterá a temperatura da churrasqueira elevada. Também funciona para inibir a fumaça gerada pela gordura que escorre da carne.

> **PALAVRA DE EXPERT**
>
> "Um truque certeiro para controlar a temperatura do braseiro é colocar a mão a 15 cm da brasa e contar de um a cinco. Se suportou o calor até 'cinco', significa que o calor está perfeito para grelhar. Se chegou ao 'quatro' a carne irá queimar, e ao 'seis', cozinhar."
>
> **Valdecir Larentis,**
> Chefe de carnes do Vento Haragano Morumbi, SP

CHURRASCO BEM ACOMPANHADO

Croquete de aipim, pastel de forno, pão de queijo, salpicão de lombo, quiche, risoto... Selecionamos receitas deliciosas de entradas, acompanhamentos e molhos para deixar ainda mais saborosos os seus assados

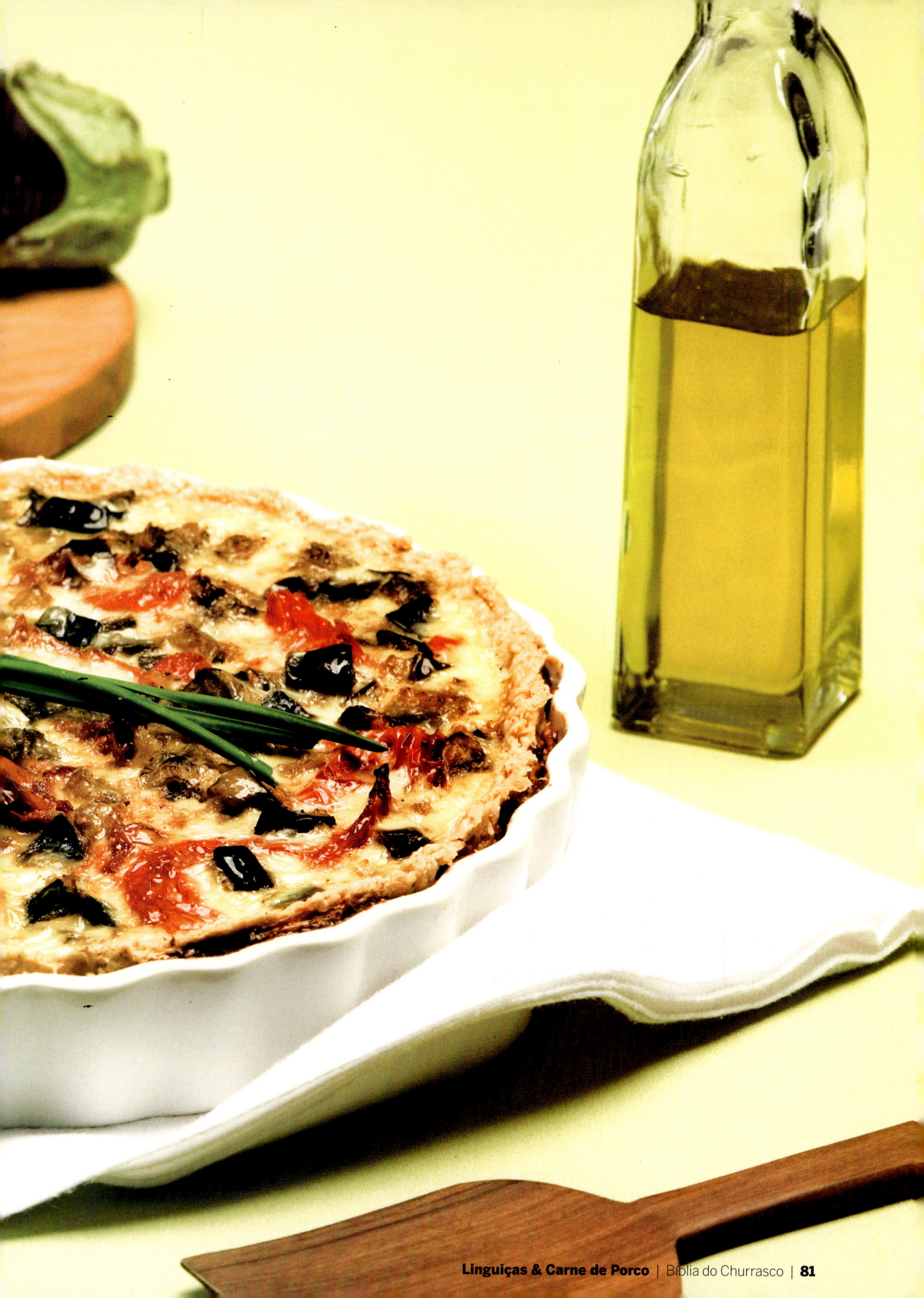

CROQUETÃO DE AIPIM

Rendimento: 4 porções
Tempo de preparo: 45 min.

INGREDIENTES

- 1 xícara (chá) de aipim cozido e amassado (125 g)
- 1 colher (sobrem.) de salsinha picada
- ½ colher (chá) de noz-moscada
- ½ colher (chá) rasa de sal
- 1 colher (chá) cheia de margarina light
- 2 fatias finas de queijo muçarela light
- 1 clara batida
- ½ xícara (chá) de farinha de rosca

MODO DE PREPARO

- Misture os ingredientes, com exceção do queijo muçarela, da clara de ovo batida e da farinha de rosca.
- Amasse muito bem a massa e, depois, modele quatro croquetes grandes, recheando cada um deles com meia fatia fina de queijo muçarela.
- Para empanar, passe-os na clara batida e, logo em seguida, cubra-os com a farinha de rosca.
- Coloque os croquetes em uma fOrma refratária média, untada com manteiga, cubra com papel-alumínio e leve ao forno médio (200°C) por 20 minutos. Nos minutos finais, retire o papel-alumínio da forma para dar uma leve dourada nos croquetes.

PASTEL ASSADO DE ESCAROLA E NOZES

Rendimento: 10 porções
Tempo de preparo: 1h20

INGREDIENTES
- 3 colheres (sopa) de óleo de canola
- 1 cebola ralada
- ½ pé de escarola
- Sal e pimenta a gosto
- 2 colheres (sopa) de nozes picadas
- 2 colheres (sopa) de uvas-passas brancas
- 1 dente de alho picado
- ½ xícara (chá) de maionese
- ½ xícara (chá) de ricota esfarelada
- 10 discos de massa para pastel

MODO DE PREPARO
- Aqueça o óleo e refogue o alho e a cebola.
- Adicione a escarola cortada bem fininha e deixe cozinhar até que a água seque. Tempere com sal e pimenta a gosto.
- Adicione as nozes e a uva-passa e mexa bem. Retire do fogo e deixe esfriar.
- Misture a maionese light e a ricota esfarelada, até que fique um recheio cremoso.
- Coloque uma colher (sopa) de recheio sobre cada disco de massa, umedeça as bordas e feche o pastel com o auxílio de um garfo.
- Coloque em uma assadeira untada e leve ao forno preaquecido por 30 minutos ou até que os pastéis estejam dourados. Sirva a seguir.

PÃO DE QUEIJO DE LIQUIDIFICADOR

Rendimento: 50 unidades
Tempo de preparo: 40 min.

INGREDIENTES
- 500 g de polvilho doce
- 200 g de queijo parmesão ralado
- 250 ml de leite
- 200 ml de óleo
- 3 ovos
- 1 colher (café) de sal

MODO DE PREPARO
- Bata o polvilho doce, o queijo parmesão ralado, o leite, o óleo, os três ovos e o sal no liquidificador.
- Unte com óleo 50 forminhas, daquelas para fazer empada.
- Coloque a massa na metade de cada forminha, pois depois ela irá crescer, e leve todas para assar a 200°C por aproximadamente 30 minutos.
- Desenforme e coma ainda quente, fica uma delícia!

PÃO SALGADO RECHEADO

Rendimento: 22 porções
Tempo de preparo: 1h30

INGREDIENTES
Massa:
- 550 g de fermento biológico fresco
- 2 ovos
- 1 xícara (chá) de água morna
- 4 colheres (sopa) de leite em pó desnatado
- 2 colheres (sopa) de margarina light
- 1 colher (sopa) de açúcar
- 1 colher (sobremesa) de sal
- 1 kg de farinha de trigo
- 1 maço de brócolis cozido
- 50 g de blanquet de peru
- 1 tomate picado
- 1 pimentão picado
- 1 cebola picada
- 1 xícara (chá) de salsinha picada
- 1 colher (sopa) de orégano
- Azeite a gosto
- ½ maço de rúcula picado
- 1 gema para pincelar
- 1 xícara (chá) de creme de cottage

MODO DE PREPARO
- Coloque os ingredientes, menos a farinha, no liquidificador e bata até ficar homogêneo.
- Despeje em um recipiente e adicione a farinha, aos poucos.
- Transfira para uma superfície enfarinhada e amasse, adicionando mais farinha até desgrudar das mãos.
- Cubra com um pano e deixe descansar até dobrar de volume.
- Divida a massa ao meio e abra as duas partes com o auxílio de um rolo.
- Misture todos os ingredientes.
- Distribua o recheio nas massas e feche-as.
- Coloque-as sobre uma assadeira untada, pincele com a gema e leve para assar em forno preaquecido até dourar.

SALADA DE FUNDO DE ALCACHOFRA COM ERVA-DOCE E COGUMELO

Rendimento: 4 porções
Tempo de preparo: 50 min.

INGREDIENTES
Molho:
- 1 colher (sopa) de mostarda Dijon
- 2 colheres (sopa) de mel
- Suco de um limão
- 3 colheres (sopa) de água
- Sal e pimenta-do-reino a gosto
- 2 colheres (sopa) de azeite

Salada:
- 4 fundos de alcachofra cozidos
- 1 bulbo pequeno de erva-doce
- 2 colheres (sopa) de folhas de erva-doce
- 250 g de cogumelo Paris fresco cortados em fatias
- 8 folhas de radicchio

MODO DE PREPARO
Molho:
- Em uma tigela pequena, misture a mostarda com o mel, o suco de limão e a água.
- Tempere com sal e pimenta a gosto.
- Junte o azeite em fio, batendo sempre com um garfo até ficar homogêneo.

Salada:
- Em uma saladeira, misture todos os ingredientes, exceto o radicchio.
- Junte o molho e deixe descansar por 30 minutos para que os sabores se misturem.
- Em pratos individuais, arrume as folhas de radicchio como se fosse uma cumbuca e coloque a salada dentro. Sirva.

SALPICÃO DE LOMBO

Rendimento: 6 porções
Tempo de preparo: 30 min.

INGREDIENTES
- 2 xícaras (chá) de lombo em tirinhas finas (200 g)
- 1 pimentão vermelho sem sementes em tirinhas
- 1 pimentão amarelo sem sementes em tirinhas
- 1 salsão branco bem picado
- 2 cenouras grandes raladas no ralo grosso
- 2 maçãs verdes sem casca e bem picadas
- 1 lata grande de abacaxi em calda picado
- 1 colher (sopa) de cebola ralada
- 3 colheres (sopa) de salsinha picada
- 1 colher (sopa) de cebolinha picada
- Sal e pimenta-do-reino moída na hora a gosto
- 3 colheres (chá) de gelatina incolor sem sabor
- 2 colheres (sopa) de água fria
- 2 colheres (sopa) de creme de leite
- 250 g de maionese

MODO DE PREPARO
- Misture bem o lombo, os pimentões, o salsão, a cenoura, a maçã verde, o abacaxi, a cebola, a salsinha e a cebolinha e tempere com sal e pimenta. Reserve.
- Dissolva a gelatina incolor na água em banho-maria. Enquanto isso, misture o creme de leite com a maionese.
- Adicione a gelatina já dissolvida e sem grumos e incorpore o creme aos ingredientes temperados. Sirva o salpicão gelado.

QUICHE DE BRÓCOLIS COM MANJERICÃO FRESCO

Rendimento: 8 porções
Tempo de preparo: 1h

INGREDIENTES
- 1 xícara (chá) de farinha de trigo
- ½ xícara (chá) de farinha de trigo integral
- ½ xícara (chá) de margarina light
- 1 clara de ovo batida
- Sal a gosto
- 3 ovos grandes
- 1 copo de iogurte natural desnatado
- 3 raminhos de manjericão fresco
- 2 e 2/3 de xícara (chá) de ricota amassada
- 1 xícara (chá) de brócolis cozido cortado em pedacinhos
- 5 unidades de tomate cereja cortados ao meio
- ½ xícara (chá) de cebolinha verde picada

MODO DE PREPARO
- Numa tigela média, junte as farinhas e o sal.
- Depois, junte a margarina até formar uma farofa úmida.
- Coloque-a num saco plástico e amasse formando uma bola.
- Retire todo o ar do saco, feche e leve ao freezer por 20 minutos.
- Preaqueça o forno a 220°C.
- Retire a massa do freezer e abra-a com as mãos forrando o fundo e os lados de uma forma já untada.
- Faça alguns furos e asse por 20 minutos, até dourar de leve.
- Retire e pincele a massa com uma clara batida.
- Deixe esfriar e diminua a temperatura do forno para 180°C.
- Numa tigela, bata os ovos, depois, misture o iogurte e o manjericão e reserve.
- Sobre a massa, coloque camadas de ricota, brócolis, tomate cereja e cebolinha verde.
- Regue tudo com a mistura de ovos batidos.
- Leve ao forno por 50 minutos. Sirva a seguir.

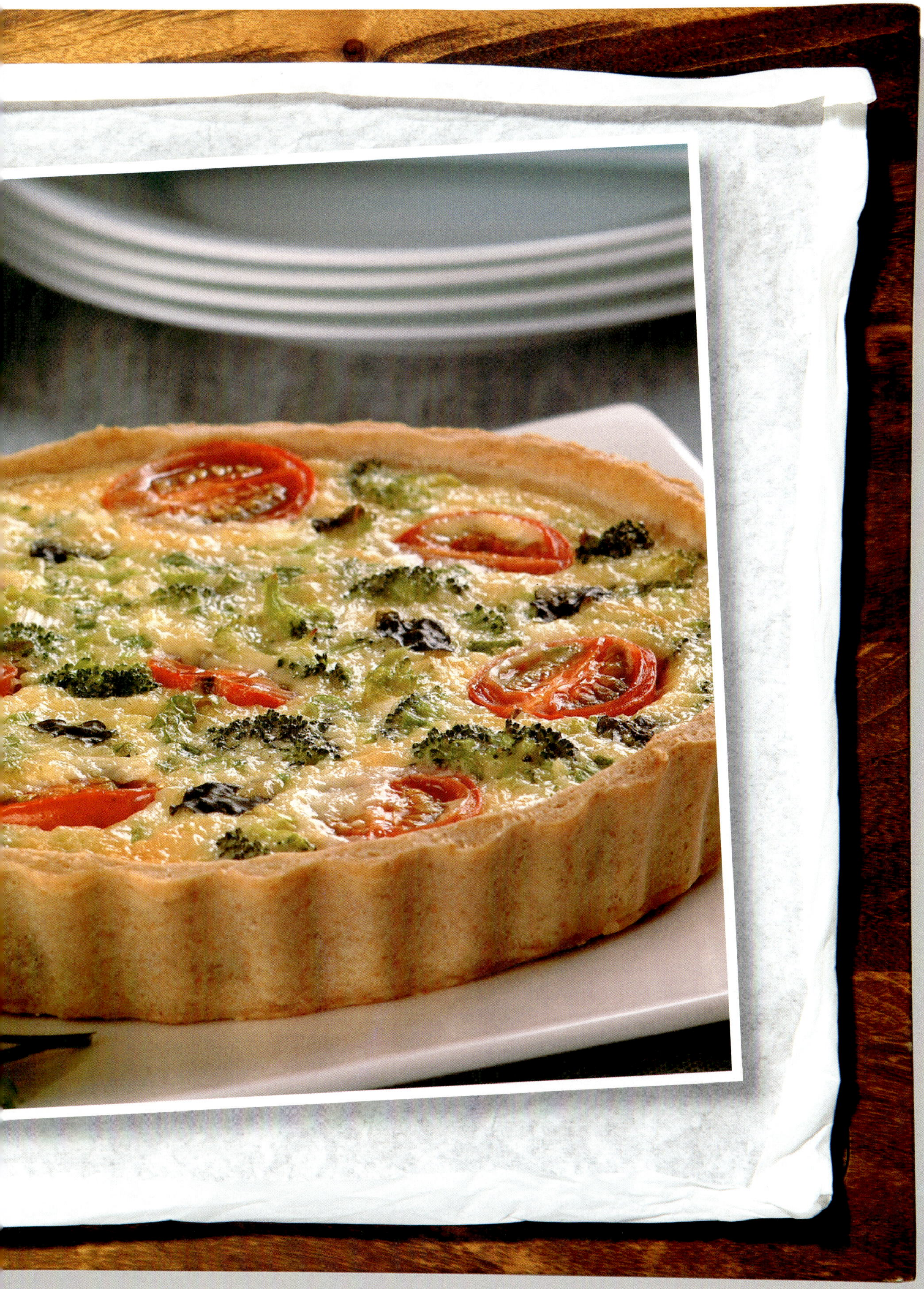

QUICHE DE ALHO-PORÓ

Rendimento: 12 porções
Tempo de preparo: 30 min.

INGREDIENTES
- 2 fatias de bacon
- 2 colheres (sopa) de azeite
- 500 g de alho-poró fatiado
- Sal, pimenta e salsinha a gosto
- 1 pacote de massa folhada laminada
- 250 g de cream cheese

MODO DE PREPARO
- Em uma panela, frite o bacon no azeite.
- Em seguida, acrescente o alho-poró e refogue. Desligue o fogo, acrescente sal, pimenta e salsinha. Misture até os temperos incorporarem. Deixe esfriar.
- Unte uma forma redonda média com margarina, coloque a massa folhada laminada e acomode-a no fundo e nas laterais.
- Acrescente o recheio cobrindo toda a superfície.
- Finalize com o cream cheese, espalhando muito bem.
- Leve ao forno médio preaquecido a 160°C, até gratinar. Retire do forno e sirva ainda quente.

QUICHE DE AVEIA, BERINJELA E TOMATE SECO

Rendimento: 8 porções
Tempo de preparo: 45 min.

INGREDIENTES
- 3 colheres (sopa) de azeite de oliva
- 1 colher (café) de sal
- 1 xícara (chá) de aveia em flocos
- ½ xícara (chá) de farinha de trigo
- 3 ovos
- 1 cebola picada
- 2 dentes de alho picados
- 2 colheres (chá) de azeite de oliva
- 1 berinjela picada
- Sal a gosto
- 150 g de tomate seco
- 1 xícara (chá) de leite desnatado
- 150 g de queijo de minas

MODO DE PREPARO
- Misture o azeite de oliva, o sal, a aveia em flocos, a farinha de trigo e um ovo, mexendo a massa até soltar das mãos.
- Forre o fundo e os lados de uma forma redonda com essa massa e reserve enquanto prepara o resto.
- Refogue o alho e a cebola no azeite.
- Junte a berinjela, cozinhe tudo e tempere com sal.
- Forre o fundo da massa reservada na forma com tomate seco e depois coloque por cima o refogado de berinjela.
- Bata dois ovos, o leite e o queijo no liquidificador e depois despeje sobre o recheio.
- Asse em forno médio preaquecido a 180°C até dourar. Sirva ainda quente.

SUFLÊ DE MILHO

Rendimento: 4 porções
Tempo de preparo: 1h

INGREDIENTES
- 2 latas de milho
- 2 colheres (sopa) de queijo parmesão ralado
- 1 colher (chá) de sal
- 1 e ½ copo de leite desnatado
- 1 peça de ricota
- 2 ovos

MODO DE PREPARO
- Escorra o milho e bata com o queijo parmesão, o sal, o leite desnatado, a peça de ricota e os ovos no liquidificador.
- Despeje a massa formada em uma forma redonda de 20 centímetros de diâmetro e asse em fogo médio por cerca de 40 minutos, até o suflê crescer.

SUFLÊ DE QUEIJO

Rendimento: 4 porções
Tempo de preparo: 45 min.

INGREDIENTES
- 4 ovos
- 1 xícara (chá) de queijo prato ralado
- 1 xícara (chá) de queijo parmesão ralado
- 1 copo de leite em pó integral reconstituído
- 1 caixinha (200 g) de creme de leite
- 1 colher (sopa) de farinha de trigo peneirada
- 2 e ½ colheres (sopa) de manteiga
- Noz-moscada, pimenta-do-reino e sal a gosto

MODO DE PREPARO
- Em uma panela, aqueça a manteiga, junte a farinha de trigo e, aos poucos, acrescente o leite reconstituído.
- Mexa bem em fogo baixo, junte as gemas batidas com o creme de leite, sal, pimenta-do-reino, noz-moscada e os queijos. Deixe esfriar.
- Bata as claras em neve e incorpore delicadamente à mistura de queijo.
- Passe para uma forma de suflê (cerca de 20 cm de diâmetro) untada e leve ao forno médio a 180°C por aproximadamente 30 minutos. Sirva imediatamente.

RISOTO DE MAÇÃ E PERAS

Rendimento: 6 porções
Tempo de preparo: 40 min.

INGREDIENTES
- 2 xícaras (chá) de arroz
- 2 peras médias
- 2 colheres (sopa) de suco de limão
- 2 colheres (sopa) de azeite
- 1 cebola média picada em pedaços pequenos
- 500 ml de suco de maçã
- 1 colher (sopa) de alho picado
- 1 colher (sopa) de folhas de hortelã
- Sal a gosto

MODO DE PREPARO
- Lave, pique as peras em cubos grandes e coloque-as em uma tigela com água e o suco de limão.
- Em uma panela, aqueça o azeite, junte a cebola, o alho e deixe em fogo baixo até dourar.
- Acrescente o arroz e refogue por 5 minutos, mexendo sempre.
- À parte, coloque em uma panela o suco de maçã e 1 xícara (chá) de água.
- Leve ao fogo e, assim que ferver, despeje sobre o arroz e tempere com sal.
- Deixe cozinhar por 20 minutos.
- Junte as peras e misture bem.
- Cozinhe por mais 10 minutos ou até a água quase secar e o arroz ficar al dente.
- Retire do fogo, salpique as folhas de hortelã picadas e sirva.

ARROZ INTEGRAL DE FORNO

Rendimento: 4 porções
Tempo de preparo: 50 min.

INGREDIENTES
- 2 xícaras (chá) de arroz integral cozido
- 2 colheres (sopa) de azeite de oliva extravirgem
- 1 tomate picado
- 2 gemas de ovo
- Salsinha e sal a gosto
- 3 colheres (sopa) de queijo parmesão ralado

MODO DE PREPARO
- Em um recipiente fundo, misture muito bem o arroz integral já cozido com o azeite, o tomate picado, as gemas de ovo, a salsinha e o sal a gosto.
- Coloque essa mistura em um refratário de vidro.
- Polvilhe o queijo parmesão ralado por cima e leve ao forno preaquecido a 180°C por aproximadamente 30 minutos, até a receita gratinar.
- Retire do forno e sirva o arroz ainda quente.

ESPETINHOS DE ABACAXI E GERGELIM

Rendimento: 4 porções
Tempo de preparo: 25 min.

INGREDIENTES
- 28 cubos de abacaxi (300 g)
- 1 xícara (chá) de suco de laranja
- 1 colher (sopa) de folhas de hortelã
- 1 colher (chá) de gengibre ralado
- 2 colheres (sopa) de adoçante forno e fogão
- 4 colheres (sopa) de gergelim

MODO DE PREPARO
- Pegue espetos de madeira, comuns em churrascos, e coloque sete cubos de abacaxi em cada um deles.
- Adicione e misture em uma frigideira o suco de laranja, a hortelã, o gengibre e o adoçante.
- Acrescente o abacaxi à mistura e vá cozinhando e virando os cubinhos até a fruta caramelizar.
- Tire o abacaxi já temperado do fogo, polvilhe o gergelim torrado e sirva ainda quente.

MOLHO DE TOMATE, PIMENTA E COENTRO

Rendimento: 6 porções
Tempo de preparo: 10 min.

INGREDIENTES
- 4 tomates
- 2 pimentas dedo-de-moça
- 2 colheres (sopa) de cebola roxa picada
- 2 colheres (sopa) de coentro picado
- 2 colheres (sopa) de azeite
- Sal e pimenta-do-reino a gosto

MODO DE PREPARO
- Retire a pele e as sementes dos tomates, corte em cubos e reserve.
- Corte as pimentas ao meio e elimine as sementes, corte em cubos e junte aos tomates.
- Acrescente a cebola e o coentro, misture bem e tempere com azeite, sal e pimenta. Sirva em seguida.

MOLHO DE IOGURTE COM LIMÃO-SICILIANO E ENDRO

Rendimento: 6 porções
Tempo de preparo: 10 min.

INGREDIENTES
- 1 pepino pequeno
- 200 g de iogurte grego tradicional
- 1 colher (sobremesa) de endro fresco picado
- 1 dente de alho triturado
- 1 colher (sopa) de azeite extravirgem
- Suco de ½ limão-siciliano
- ½ colher (chá) de sal
- Pimenta-do-reino a gosto

MODO DE PREPARO
- Lave e descasque o pepino, retire as sementes e passa no ralo grosso. Deixe escorrer em uma peneira e reserve. Em um recipiente, misture bem o iogurte, o pepino, o endro, o alho, o azeite, o limão, o sal e a pimenta-do-reino. Sirva em uma molheira decorado com raminhos de endro.

AGRADECIMENTOS

Churrascaria Vento Haragano – Morumbi
Intermezzo Gourmet
Rabicó Agroindustrial de Alimentos Ltda.
Restaurante Varanda Grill
Tramontina

CONSULTORIA

Dárcio Lazzarini
Diretor do Grupo Varanda

Chefe Paulo Miani
Chefe de Cozinha, consultor, professor e pesquisador de culinária. Membro da Associação de Profissionais de cozinha do Brasil (A.P.C.)

Pedro Cizoto
Consultor de cervejas, sommelier e mestre em estilos cervejeiros. Associado ao Brewers Association (EUA)

Valdecir Larentis
Chefe de carnes da churrascaria Vento Haragano Morumbi